リーダーのためのフィードバックスキル

服部周作

すばる舎

はじめに

次のフィードバックの例を左右で比べてみてください。

最近元気がなくて
ダラダラしている。

朝出勤して挨拶がないときがある。
返事も１回で「はい」を言わないのが
目立つ。

まだ資料できてないのか。
（焦った表情）
早く見せて。細かい点は後で
修正すればいいから。

資料の現状版を今すぐメールで送ってください。未完成のところは印を入れて、何分後に細かい修正を終えたものを送るかを明記して。

さっきのプレゼンは
何を言っているのか
わからなかった。

さっきのプレゼンの冒頭で
回帰分析と次のスライドの流れが
噛み合っていないので、
最初の2分でみんな何を言っている
のかわからなくなった。

最高でした！

難しい内容をいとも簡単に説明し、さらに相手のリスニングレベルに瞬時に合わせる高度なコミュニケーションスキルが目立った。特にチームがつまずいた後の、冒頭の入り方は、完璧！

いかがでしょうか？

フィードバックについての考え方は様々あると思いますが、**本書でお勧めする望ましいフィードバックはすべて左側**となります。

え？

フィードバックって、

短くズバッと刺さる言葉がいいんじゃないの？

あまり事細かく言うと嫌がられるのでは？

万能の決め台詞があるのでは？

そんなふうに疑問を持たれた方も多いかもしれません。実際、私がこれまでお会いしてきたビジネスパーソンもそう考えている方が大半のように感じます。

でも、実のところフィードバックの正解とは、言葉をよくよく選び、そして濁さず薄めず明確に、解釈の余地を与えない具体的なメッセージでなくてはなりません。相手に伝えて、確実に相手の行動に変化が現れることがフィードバックの目的だからです。

本人やチームのためを思っても、

言いにくいこと、
耳触りの良くないことを、
どんなふうにフィードバックをすればよいのかわからない。

そんな悩みを抱えるリーダーは非常にたくさんいます。

それもそのはず、

私たちの多くはフィードバックのやり方を誰からも教わっていません。

ほとんどが自己流なのです。

もっと部下やメンバーが着実に育つフィードバックとは？
もっと仕事の精度や成果が高まるフィードバックとは？

本書は、そんな悩めるリーダーのために、フィードバックについて丸々一冊紹介する内容になっています。

ご興味を持たれた方は、ぜひ、この後のページもめくっていってください。

序章

成長も成果も
フィードバックしだい

マッキンゼー入社1年目から求められるスキル

仕事のいついかなるときにもフィードバック

ファームで起こった鮮烈な思い出がいくつかあります。

それは入社1年目、初プロジェクト、初ミーティング後に起こりました。プレッシャーを感じていた私は何が何でも存在感をアピールしようと長々と論点がズレたことを話してしまいました。案の定、私のコメントはスルーされ、その後は沈黙を貫きました。

部屋を出るなり、フィードバックは光の矢の如く返ってきました。アメリカ人のコンサルタントからです。彼は私をチームルームの外へ呼び出し、伝えたいことがあると言います。私は表情こそ平静を保っていましたが、内心はもう心臓がバクバクでした。

「シュウ、さっきミーティングであなたはクライアントの現状について語ったが、論点が外れていた。皆は誤りを指摘こそしなかったけど、無反応だったね。時間の浪費だよ。非常に残念に感じた。こうしたらいいと思う。バリューが出るなら言う、出ないなら言わない。ＯＫ？　次から気をつけて。それがマッキンゼーでサバイブする方法だよ」

激しく詰められるのかと思っていた私は意表を突かれ、ただ茫然としていました。彼が思いのほか丁寧に説明してくれたからです。そのときはもちろん何も知らなかったのですが、これは、緻密に計算されたフィードバックの手法だったのです。

入社して４つ目のプロジェクトは消費財のプロジェクトでした。あと数カ月で1年目が過ぎようとしていた頃です。中間発表後にマネージャーからチームにフィードバックが欲しいと言われました。

クライアントとのワークショップも順調に終えた直後だったのでチームも意気揚々。メンバーが一人、また一人と上手に良い点、改善点を述べていきます。私は度肝を抜かれました。皆よく観察していました。

最後に私の番になったのですが、大したことが言えず、まとまりに欠け、恥ずかしい思いをしたのを覚えています。実は、私は自分のことに精一杯で、ほかの人を見る暇も必要性もあまり感じてはいなかったのです。そしてプロジェクトを無事終えたとき、マネージャーから、**「もっとしっかりフィードバックできるようになってね」**とサラッと言われました。そう、見抜かれていたのです。

あるアジア系のメディア会社に成長戦略案件を頼まれました。チームの中の一人が財務モデリングを担当することになりました。投資銀行出の凄腕の彼のモデリングスキルは非常に高かったのですが、それを文字に、そしてパワポに落とすと、どうも意味合いが鮮明ではありません。困った私は何度か一緒にチャートを書いたのですが、上達が遅い。短いプロジェクトだったので、疲れた私は諦め、自分で取りかかりました。しかも彼にその理由をしっかりと述べず、フィードバックを後回しにしてしまったのです。

結論から言うと、大変嫌われてしまいました。しかも、私がつけた彼のパフォーマンス（成績）とフィードバックが合わないと彼から猛反発を食らう羽目になったのです。

そのとき、初めて私はいくつかのことを学びました。フィードバックというのは継続的に行うこと、辻褄が合うように徹底させること、断片的に捉えたと思われないこと。そして非常に慎重に行うこと。

さらに最終的には相手に腹落ちしなかったら、最悪恨まれてもしょうがないと理解すること。仲良くしていた関係が一瞬に崩れ去り、彼にとっても苦い経験をさせてしまいました。その後、パートナーから私のフィードバックの穴を指摘されたのは言うまでもありません。

フィードバックが大切にされる3つの理由

ところで、あのマッキンゼーが、なぜこれほどまでにフィードバックを大切にしていたのか。それには3つ理由があります。

1つ目は、**ファームの根底にある哲学がピープルファーストだから**です。人を大事にするには、簡単に言うと、その人が成長できる機会やアドバイスをできるだけ多く与えることです。ファームにはあらゆる側面から一人の人間を一人前のコンサルタントに育てていく「プロフェッショナルな義務」があるという根強い考えがありました。

プロジェクトにおけるマネージャー、同僚や部下、そしてクライアント。プロジェクトとは別にメンターのように自分を見てくれるデベロップメントリーダーの存在。その全員からフィードバックをもらうことによって若手は急速に成長することができるのです。

2つ目は、**仕事の質をできる限り高く保つため**です。プロジェクトを最終成果物へ近づけるために、ファームではそのストーリーに関与している全チームで繰り返しレビューをします。つまり、言い換えると、細かいボディチェックのように、何回もフィードバックを行います。成果物について、練りに練った上での「結晶化」を目指しており、そのためには、各メンバーの質の高いフィードバック力が欠かせないのです。

３つ目は、**フィードバックができる人は、仕事ができるから**です。実際、フィードバックが上手な人は、あらゆる能力が高い水準にあり、それらを総動員して、同僚、部下、上司、クライアント、周囲の信頼や協力を得て、仕事を首尾よく進めていきます。

単純に、フィードバックは難しく、練習を重ねる必要があります。その適格な手法を学び、質を高めるには、ざっと挙げてみるだけでも、観察力、客観性、アクティブリスニング力、思いやり（相手への配慮）、相手が腹落ちするコミュニケーションスキル、一貫性、継続性、誠意、信頼、影響力、自律性など、様々です。

そういう意味では、**フィードバックスキルは、ビジネスにおける、総決算のスキルの一つ**とも言えます。リーダーシップを発揮して生産性の高い仕事をする、失敗から学び飛躍的な成長を遂げる、そのための核となっているのが、フィードバックスキルなのです。

組織の隅々までフィードバックカルチャーが浸透

実際、マッキンゼー社内でフィードバックカルチャーは大変浸透しており、「フィードバックのフィードバック」もよく行われていました。それもグッドかバッドか、ではなくて、このように伝えたほうが伝わりやすい、具体的には観察力の詳細部分が弱いなど、的確な指摘が行われます。フィードバックの精度を実際のプロジェクトの中で鍛え、私や他のチームメンバーのコミュニケーションスキル向上へつなげていってくれました。

そして、**できる人ほどフィードバックを欲しがって、もらってはどんどん成長していきます。**これには年齢も立場も全く関係ありません。マネージャーも自身で若手メンバーにどんどんフィードバックを求めてきます。

あるプロジェクトで、マネージャーとしてこのプロジェクトをどう回しているか知りたい、ということでした。まだ駆け出しだった頃の私が恐る恐る良い点と改善点とを指摘すると、彼はニッコリ笑みを浮かべ、次週、その改善点を直してきたのです。簡単に言うと、夜ご飯が遅いチームの習慣を変えたい、といった類のものだったのですが、翌週からしっかり夕方6時にチームハドル（集まり）が設定され、「さあ、これからどうする」と聞かれました。

このように、フィードバックカルチャーがチーム全体に浸透しているとお互いにコミュニケーションが円滑になります。それればかりか、一丸となってお互いを高め合い、高みを望むようになるのです。

若手は若手なりに、ベテランはベテランなりに、それぞれの得意分野を活かして、チームに貢献することができます。フィードバックは、立場に関係なく、お互いが成長と成果を目指して行うコミュニケーションの一つでもあるのです。

そもそもフィードバックとは何か？

仕事のダメ出し？　指導や説教？

読者の皆さんも、言葉としてフィードバックという単語はご存知でしょう。実際、我々は日々ビジネスの現場で多くのフィードバックを受け取る（そして行う）機会に直面しています。

プレゼン後、レポート提出後、資格のテスト後、分析結果を出した後、研究成果の発表後、研修のロールプレイ後など、その頻度と領域は様々ですが、実はフィードバックは、仕事の成果や人の成長に最も直結する役割を果たしているのです。

でも、日本の職場を見渡すと、まだまだフィードバック本来の力を活かしきれていない印象です。そこがもったいないと感じるのです。

試しに、フィードバックとは？と尋ねてみると、次のような、あやふやな答えが返ってくることが多いです。「仕事のダメ出し」「修正点の指示でしょう」「指導とか説教？」「評価です」「アドバイスや改善点の指摘」「反省を促すための語り全般」などなど。

職場において、本人が望むかどうかには関係なく、上が伝えるべきネガティブなメッセージ全般、といったところでしょうか。されるのはもちろん、するほうも、あまり良くは思わない。できることなら最小限で済ませたい。そんな空気を感じるのです。

でも、日々の仕事において、フィードバックを避けることは、自分やチームメンバー、ひいては組織全体の成長や成果のチャンスをみすみす捨て去っているのと同じです。そもそも、実に多くの人が、フィードバックの意味を誤解しているように思えてなりません。

より良い結果を生み出すための情報伝達

ではフィードバックとは、いったい何なのか？　一言で何かと言うと、**「特定のプロセスや行動による結果に対して、向上を目的とした情報の伝達」**です。なので、仕事に限らずあらゆる場面で使われる手法なのです。

例えばある地域では長い間、車両のスピード違反に悩まされていました。坂道だったので、ビュンビュン飛ばす車の数が一向に減りません。あの手この手を使いましたが、結局、現象を解決したのは、レーダー速度標識（通常LEDなので光る）の導入でした。*1

それ以前も、制限速度の看板を大きくしたり、通学路に看板を設置して安全性を訴えたりなど試みましたが一向に改善されず、「自身のスピード―例：時速77キロ―をリアルタイムで知る」という最も単純なフィードバックが功を奏したのです。

ではなぜ飛ばす車が減少したのか。後に心理学者が解明した説によると、人は自分で判断し、反省することを好み、「上から目線」のアドバイスをめっぽう嫌う習性があるからなのだそうです。

このように、そもそもフィードバックとは工学などの分野で用いられていた手法で、その情報そのものにはポジティブもネガティブもありません。改善や向上を目的としたニュートラルな情報伝達で、センサーなどの機器における反応や警報音などもその一つです。

これが転じて、日常のコミュニケーションであれば、**「相手の言動に対して持っている意見」**となり、そして、ビジネスのコミュニケーションであれば、**「相手の仕事や作法に対して持っている意見」**になります。

・例えば、仕事と人のデベロップメントを目指すコミュニケーションのために使用する。
・例えば、コミットメントを促すときにも効果的です。

・例えば、チームモラル（意識ややる気）を上げてもらいたいときにも使います。

フィードバックとは、ネガティブな評価を伝えることが目的ではありません。ポジティブな結果を生むことを目的とした、具体的な観察や助言を含んだメッセージの伝達なのです。

要するにフィードバックは、伝え方や受け取り方しだいで、日常においてもビジネスにおいても、もっと上手に活用できるはずなのです。

ビジネスの成功に欠かせないフィードバック

実際、ビジネスにおけるフィードバックの大切さについては、ビル・ゲイツからイーロン・マスクまで、業界の著名人がその重要性について発言をし、世代を超えて脈々と受け継がれています。

テスラモーターズやスペースXの設立など、数々の偉業を成し遂げている南ア出身のイーロンは、数年前にカジュアルなインタビューで、仕事に対してあえてアドバイスをするとしたら、それはフィードバックループの大切さを知ることだと述べています。[*2]

何をして、いかに自分を高めていくか、フィードバックはビジネスの成功には不可欠であり、その原動力であると熱く語り、「私の良いところは聞きたくない。むしろ、できない、良くないところを指摘してくれ」とまで語っています。

アップルの創始者、故スティーブ・ジョブズも、優秀でスマートな人の採用を大前提に置きながら、さらにその採用理由として、賢い人から何をすればよいのか助言をもらうためだ、と言っていたそうです。

イーロンにしろスティーブにしろ、一級品のエゴ、スタミナ、賢さを持ちながら、貪欲に他者からフィードバックを欲しがる姿勢はビジネスで成功していく上では必需品なのでしょう。逆にそのような考えが彼らの時代を作った、と言っても過言ではないのです。

評価より育成。米国企業でも近年注目

また、ここ数年でフィードバックと年末のパフォーマンス評価の考えが変化してきているのもご存知でしょうか。雑誌『ハーバードビジネスレビュー』によると、米大企業の10～15%は実は年末のパフォーマンス評価を撤廃していて、インフォーマルで頻繁なフィードバックに徹しているだけの企業も増えてきているとのことです。[*3]

主な理由として、**年末のパフォーマンス評価では膨大な時間のロスになってしまう（マ**

ネージャーレベルで年平均210時間、または5週間ほど！）、フィードバックがビジネスに与えるポジティブなインパクト、そして、人材起用の激戦化（War for Talent）により加速している自社育成のニーズが述べられています。

IBM、アドビ、デル、マイクロソフト、などのテクノロジー企業を皮切りに、デロイトやアクセンチュアなどでも試験的に（ハイブリッド形式を一部用いて）フィードバックだけで人事評価を決めてしまう手法を後押ししているそうです。これらの先行的な企業はデベロップメントに対するフィードバックを中心として、数字がつくスコア一つに絞らず、マルチの角度から情報を提供するようになってきています。

さらに、アマゾン、GEなどは独自のフィードバック・アプリを開発、導入し、同僚、上司内でスムーズかつタイムリーにフィードバックを可能にするような配慮まで確保してきているとのことです。

フィードバックによくある悩み

このように、フィードバックはビジネスに欠かせないスキルなのですが、実際には、多くの方がうまく活かしきれず悩んでいるようです。よく耳にするのが、次の3つの悩みです。

1 効果がない

せっかく部下に指摘したりアドバイスしたりしても効果がない。何度も同じことの繰り返し。改善しても要求レベルの3割未満。でも、もしかすると伝えているメッセージが適切でないのかもしれません。

フィードバックのナンバーワン課題は一貫性です。あなたがもし多くの人に「あなたはきちっとしている」と言われているのに、ある人に「あなたは乱雑である」と言われたら混乱してしまうでしょう。

私がいた戦略コンサルティングの世界で一番多く使われていたフレーズがあります。**「ファクトベース」**という言葉。この意味は、「事実に基づいた、裏づけがある、根拠が明白」なことが重要だということです。

なぜフィードバックがファクトベース重視かというと、それはフィードバックで最も大きな障害（障壁）となっているのが、「誰が言った」という事柄だからなのです。一番説得力があるのは「誰が見ても、そう映る」と感じられる客観性のあるメッセージです。

私心や偏見が感じられないメッセージであればあるほど、相手は聞く耳を持ちますし、具体的で正確であればあるほど役立つアドバイスにもなります。本書では、そうしたメッセージの内容や伝え方について、ご紹介していきます。

2　気まずい

そもそもフィードバックをするほうもされるほうも、フィードバックは苦手という人は多いように思います。

実際、フィードバックをしても常に素直に聞き入れてくれる部下ばかりではありません。コンサルタントになりたての頃の私もそうでした。

1年目にもらったフィードバックで印象的だった言葉があります。「成長への階段は誰でも登れるが、あいにく、各ステージごとにタイムリミットが存在する」とそのシニアパートナーは言ってくれました。

私は彼からもらったフィードバックに対して、ひどく個人的に受け止めていました。具体的には、ガントチャート（コンサルタントが作成する一種の予定表）の説明がアクションを含む動詞形式で書かれていなかったことに対して、彼のメスが入ったのですが、内容が同じなら、何も変わらないじゃないか、が私の当初の反応でした。

それを叱られ、さらに、叱られたことに不貞腐れていたことに対してフィードバックが下ったのです。彼が言いたかったのは「若いうちに感情的に、個人的になる習慣を排除しろ」の一言に尽きます。それが学べる期間もまた、20代前半なのだ、と彼は伝えたかったのでしょう。歳を重ねるごとに頭は固くなります。いわゆる**「フィードバック耐性」**のようなものができてしまうので、そこを意識することは非常に重要でもあったのです。

当時は非常にやりづらく、気まずいプロジェクトでした。しかし、今は彼に非常に感謝していますし、最近は私自身がときにこうしたメンバーに悩まされることもあります。たとえこちらがどれだけ配慮して接しても、相手の特性はもちろん、好き嫌いや相性、お互いの立場や環境によって、素直に聞き入れてもらえない場合もあるからです。

しかしそんなとき、気まずさを恐れて、フィードバックを避けるのは、本人やチームのためになりません。言いにくいとき、やりづらいときでも、最低限どうすればよいかについても、本書では事例を交えて紹介していきます。

3 時間がない

フィードバックが大切とわかっていても、忙しいと後回しになりがちです。実際、いつどのタイミングでどう行うかなど、考え始めると、どんどん面倒くさくなってきます。そうこうするうちに適切なタイミングを逃したり、そのうち伝えるべきことそのものを忘れてしまったり、といったことも起こります。いきあたりばったりでやろうとしても、なかなかうまくいかないのがフィードバックです。

実は、やり方にもいろいろコツがあり、次のようなフレーム**「フィードバックループ」**を手順として頭に入れておくと、スムーズにフィードバックができるようになります。

1. 観察する（オブザベーション）
2. 相手の話を聴く（アクティブリスニング）

3. 自分の感情を伝える（エモーショナルインパクト）
4. 行動を促す（アクションアドバイス）

詳しくは第2章で紹介しますが、日々の業務に追われていても、たとえ多少厄介な事柄であっても、まずはこれさえ頭に入れておけば、一定の質でフィードバックができるようになります。

ちなみに、本書で紹介するフィードバックスキルは、特に決まりきった堅苦しいマニュアルではありません。自身の仕事で優れた能力を発揮する人、チームワークや部下育成に長けている人と一緒に働く中で、私が身につけたベストだと思うやり方です。

そもそもフィードバックは、世界標準で使われているスキルで、ビジネスに限らず、医療や教育など、様々な分野で重視されています。

第1章と第4章の章末に、**「チェックシート」**を用意してありますので、この機会にぜひ、ご自身のフィードバックスキルについて振り返ってみて、課題の発見や解決に役立てていただければ幸いです。

「リーダーになってから」では遅すぎる

メンバーが総力戦で取り組む時代

実のところ、フィードバックは、基本のやり方さえ押さえれば、誰でも今すぐ磨いていけるスキルです。ところが、日本の職場では、今ひとつ重視されていないように感じてなりません。

特に、若手のビジネスパーソンにとっては、フィードバックとはひたすら受けるものであり、フィードバックを行うなんてまだまだ先、部下を持つようになってからで十分、と考えられているようです。

しかし、近年のようにビジネスを取り巻く環境が急速に変化するＶＵＣＡ時代[*4]においては、メンバー全員が総力戦で取り組まなければ、新しいアイデアも生まれませんし、成果も出ません。少なくとも、組織やチームに与えられた「課題」に対しては、若手も積極的にフィードバックをして貢献することが求められます。

実際、私が経験した海外企業の一つで、2年以内に1000億円以上の投資資金を集めたソーシャルコマース兼オンラインクーポンサイトのグルーポンでは、急速に成長するために「世界のビジネスを牽引するリーダー」というテーマで毎週のように投資家や目上の人から意見を求められていました。

要するに、**「リーダーになってから、フィードバックスキルを身につけよう」では遅すぎるのです。意識的にフィードバックを磨いている人とそうでない人では、成長スピードに大きな差が出てきます。**

未知の未知数リーダーシップ

もちろん、リーダーになってからも、今後はとりわけ質の高いフィードバックスキルが求められるようになっていきます。それはなぜか？

・曖昧で不確実なことが多いＶＵＣＡの世界は一人ひとりの不安を煽る。誰もが状況や環境を理解しづらくなる中、的確なフィードバックで周囲を導いていくことが最大の価値を生みます。

・世の中の変化のスピードが速いので、機敏なフィードバックで対応。部下の成長もそれに合わせて急ピッチで進めることができます。フィードバックはその変化に上手にキャリブレーションを図ってくれる便利な方法なのです。のんびり部下の成長を待っていたらビジネスにマイナス効果をもたらします。

・未来が見えないので多くのインプットが必要。優れたリーダーは自分がフィードバックするだけでなく、メンバー全員からフィードバックを引き出す力も備えてなくてはなりません。これによって、あらゆる未知の状況を切り抜けていくことができます。

今後、VUCAの傾向が一層深まるほど、リーダー自身どのようにその状況や環境を整理し、理解し、判断し、決断に至ればよいかが難しくなっていくでしょう。「わからないなりに答えを出し、高速に修正していく」形にどんどん自身を慣らしていかなくてはならないのです。例えるなら、開発の世界で今主流となってきた試作品をどんどん世の中に出して、それを開発とオペレーションチーム両方で同時に仕上げていく、高速二人三脚の世界です。

にもかかわらず、そういった訓練、研修や教育を受けてきていない、というのが私たちの現状でしょう。しかし、そんな状況下、相手に自分の考えを素早く、そしてわかりやすく伝えることが鍵を握っているのです。

要するに、**「コミュニケーションが雑、下手、不慣れ、勉強や経験不足」といった割とエレメンタリーな次元からいち早く卒業し、「限られた情報のやりとりやモヤモヤ感の中で、周囲に効果的に接し、どう動かしていけるかを意識する・伝える」が必要になってきます。**

実のところ、フィードバックができないとビジネスが麻痺する、と言っても過言ではありません。必要なアクションが起きず、悪循環が生まれ、周りに置いていかれる。できないリーダー特有の悪い習慣です。

「～でもいいからトライしてみよう」といったアジャイルかつ、フレキシブルな考えをベースに、誰もがフィードバック力を鍛えていく必要があるのです。

フィードバックの常連を目指す

質の高いフィードバックを行う。そして仕事のパフォーマンスを上げる。それは掲げるに相応しい目標でしょう。これは数多とあるリーダーシップの基礎基盤の一つと言えます。しかし、「カリスマ性」とか「ビジョナリー」とは違って地道な努力で磨きをかけられるものだと私は、経験上、感じています。

幸い、フィードバックの練習は、すぐにでも始められます。同僚、部下、後輩、上司、クライアント、誰に対しても行えるので、ぜひ明日から実践してみてください。フィードバックの常連を目指すのです。本書では、日常の一対一の部下育成からチームラーニング、フォーマルな面談まで、誰でもフィードバックが行える場面を想定して、その手法を紹介しています。

本文に入る前に、マザーテレサが残した、印象深い言葉で締めくくりたいと思います。

「Be careful of your thoughts, for your thoughts become words. Be careful of your words, for your words become actions. Be careful of your deeds, for your deeds become habits. Be careful of you habits, for your habits become character. Be careful of your character, for your character becomes your destiny.」

(思考に気をつけなさい。それはいつか言葉になるから。言葉に気をつけなさい。それはいつか行動になるから。行動に気をつけなさい。それはいつか習慣になるから。習慣に気をつけなさい。それはいつか性格になるから。性格に気をつけなさい。それはいつか運命になるから)

こちらはあるエグゼクティブコーチから私が授かったフィードバックに含まれていた言葉です。**あなたの運命までも司るのが、考えです。**その考えをぜひ、周囲にもうまくフィードバックしてください。

これから待ち受けるフィードバックの世界が瞬く間に広がることを願い、また身近にいる大切な人たちに対しリーダーシップを発揮し、質の高い仕事を成し遂げていくことができたならば、この上ない喜びです。

2020年4月28日

服部周作

リーダーのためのフィードバックスキル

目次

はじめに ―― 3

序章
成長も成果もフィードバックしだい

マッキンゼー入社1年目から求められるスキル ―― 16
仕事のいついかなるときにもフィードバック
フィードバックが大切にされる3つの理由
組織の隅々までフィードバックカルチャーが浸透

そもそもフィードバックとは何か？ ―― 22
仕事のダメ出し？　指導や説教？
より良い結果を生み出すための情報伝達
ビジネスの成功に欠かせないフィードバック
評価より育成。米国企業でも近年注目

フィードバックによくある悩み ―― 28
1▼効果がない
2▼気まずい
3▼時間がない

「リーダーになってから」では遅すぎる ―― 33
メンバーが総力戦で取り組む時代
未知の未知数リーダーシップ
フィードバックの常連を目指す

第1章 良いフィードバックのための基本

とにかく「成長」にフォーカス、「評価」ではない 50
成長マインドセットでフィードバックに挑む
アップ or アウトで知られる厳しい職場の実態
成長対評価フィードバックの違い

「成長」フィードバックで組織の業績も上がる ―― 55
現場リーダーの努力だけでは限界がある
ネガティブなカルチャーを取り除くには？
組織ぐるみでシステムとフローを整える

良いフィードバックのための基本 ―― 59
3つのポイントを意識する
1▼ピープルファーストで考察する
2▼インパクトドリブンで効果を最大化する
3▼マインドフルネスで「その場感」を出す

相手に本当に役立つフィードバックとは？ ―― 68
喜ぶ人はほんの一握りと心得る
嫌がる人も納得。3つのチェックポイント
1▼スマートであるか？（Is it SMART?）
2▼ほどよい目標であるか？（Does it Stretch?）
3▼手遅れではないか？（When does it expire?）

sidebar **私が出会ったフィードバックの達人**

フィードバックのタイミングとは？ ―― 80
小さくても障害・障壁になることは必ず言う
直しやすいものから順に。言うべき4つのタイミング
1▼マナー
2▼仕事のプロセス
3▼仕事の質
4▼マインドセットや人格

日常の中でフィードバックの機会を探す ―― 87
リーダーでなくても場数は踏める
1▼相手へのギフトとして（関連部署の協力者など）
2▼高め合うきっかけとして（同僚や友人）
3▼真摯な反論やノーとして（上司や目上の人）
とはいえ、フィードバックにもペッキングオーダー

チェックリスト1 **あなたのフィードバックスキルは何点？** ― 96

第2章

インパクトを高める「フィードバックループ」

フィードバックにも「型」がある —— 100

通常の注意やアドバイスを超えて

複雑な状況で威力を発揮する「フィードバックループ」

受け手が納得するメッセージになっているか？

「基本の型」で手痛い失敗を避ける

Step 1 **観察する　オブザベーション** —— 108

いかに「事実」だけに着目するか

あくまで「ファクトベース」で話す

情報を「素」の状態で残し、最後に上位概念を説明する

ファクトを取りこぼさないために —— 115

フィードバックメモ活用術

1▼「事実＋感情」を記録

2▼自分宛メールで送信する

4▼何を聞くかよりどう聞くか

Step 3 **自分の感情を伝える　エモーショナルインパクト** —— 140

自分が感じたことを一人称で

サラッと躊躇なく伝える

なぜ感情を伝えるのが有効なのか —— 144

1▼率直に伝わる

2▼摩擦を和らげる

3▼インパクトを高める

4▼相手の本音がわかる

sidebar **アイスバーグ理論**

Step 4 **行動を促す　アクションアドバイス** —— 154

1▼すぐに改善できるものから言う

3▼「来週フィードバックをください」と言われたら

若いリーダーほど
この観察ステップは効果を発揮する —— 122

誰が言うかで反応は大違い

思考をファクトに切り替える練習

Step 2 相手の話を聴く アクティブリスニング —— 126

アクティブリスニングとは？

大きくポジションを取るからこそ必要不可欠

信頼関係を築くために —— 131

1▼いち早く信頼を勝ち取る方法

2▼どの程度相手の話を聞いているか？

3▼相手の考えを引き出して確認する

2▼期待値を言う、そして握る

3▼できたら即、褒めて、強化する

4▼できないときは原因を探る

明確に伝わらない、日本のフィードバック —— 160

言語の違い？ 文化の違い？

わかりやすいメッセージとは？

フィードバックの匙加減を決める —— 164

相手のキャパを見極める3つの質問

必要最低限に留めるべきケースも

一度に与えず、整理して渡す

sidebar **人の成長3つのパターン**

まとめ▼**フィードバックループ** —— 172

第3章 質と量を増やす「チームラーニング」

チームラーニングとは何か？ 176

「事前フィードバック」で成長が加速
チーム一丸となってフィードバック
忙しいチームリーダーにはうってつけ
カジュアルな雰囲気でみんなの本音が聞ける
それぞれに最適なラーニングがわかる

チームラーニングのやり方 185

初日ではなく2週目の週末あたりがベスト
4つのステップを回して事前フィードバック

Step 1 仕事の全体像を確認する 188

質を高めるためのステップバック
まずはリーダーがピースを揃えて下準備
メンバーの気づきや知見、意欲を最大化する

Step 2 お互いの強み弱みを共有する 194

ホワイトボードに書き出していく
いかにメンバーからフィードバックを引き出すか
プロジェクトの役割分担や個々の対応を練る
メンバーそれぞれの成長ゴールを確認する

sidebar **お互いの特性を知る**

Step 3 お互いの仕事習慣を共有する 202

みんなの働きやすさを作るために
1 ▼ 一番望ましい仕事の進め方は？
2 ▼ ホウレンソウのあり方は？
3 ▼ 効果的なフィードバックとは？
4 ▼ タイムラインとプロセス管理は？
5 ▼ ワークライフバランスの目標／理想は？
チームラーニングは愚痴や言い訳の場ではない

Step 4 当日のまとめとその後の共有 214

シリアスな仕事環境だからこそ
リーダーもメンバーから大いに学ぶ

sidebar **デブリーフィングの威力**

まとめ ▼ **チームラーニング** 218

第4章

フォーマルなフィードバックのやり方

会社の正式な仕組みとしての必要性と意義 ― 222
面談が雑談で終わってしまう!?
継続的な視点で成長をチェック
日常ではカバーできない大問題について話す
個人と会社のシナジーを図る場として

プロジェクトごとのフォーマルフィードバック ― 227
成長が運しだいにならないために
行うタイミングを逃さない
全社で評価シートを活用
部下との事前共有で精度を上げる
フィードバックセッション本番
フォローアップの仕組み

年1など定期のフォーマルフィードバック ― 238
「あれもこれも」では伝わらない
自社にとってコアな部分を意識的に
レター形式で重みを持たせると効果的
普段では難しい、根深い問題を話す

sidebar スパン・オブ・コントロール

短い言葉で的確にフィードバックする ― 247
シンセシスのスキルを磨く
長々と説明を求めてくる相手には
シンセシスを効かせたフィードバックのコツ

チェックリスト2 あなたやあなたの組織のフォーマルフィードバック力は? ― 253

第5章 フィードバックの精度を上げる

より指導力の高いリーダーになるには？ ── 258

フィードバックの達人になる ── 261

通常のフィードバックが難しいケース

影響力が及ぼせる領域は限られる

どこから手をつける？ フィードバック効果一覧

できることとできないことの境界線を知る ── 266

すぐに効果が出るもの出ないもの

くどくど繰り返さずに1回限り

本当にフィードバックが必要なのかを見極める ── 269

なんでもかんでもすればいいのではない

「自分が言いたいから言う」になっていないか？

sidebar **パーキンソンの法則**

フィードバックは初めの数分が肝心 ── 275

マインドフルに伝えるには？

ローパフォーマーへのフィードバック ── 284

自分の傾向を把握しておく

そもそもローパフォーマーとは？

フィードバックでは解決しない場合も

スターパフォーマーへのフィードバック ── 289

できる部下にはどう接すればよいか？

誰でも必ず一つや二つ改善点はある

強みを「スパイク」へ

最終チェック。ハロー効果はないか？

的確なフィードバックのためのインフルエンス ── 297

相手を導くための、あと一押し

影響力を増すための7つのレバー

いかに納得や腹落ち感を引き出すか

sidebar **ネーミングの重要性**

まずは相手の心の状態を確認
「何が何でも」と無理強いしない
フィードバックでの齟齬をなくす 279
ファクトでお互いの理解を確かめる
5WHYで認識のズレを擦り合わせ
なかなか改善できないときの原因究明にも

感謝の念を込めたフィードバック 306
できているところに着目する
強みをさらに伸ばすステップ
経験の浅い若手にも効果的
まとめ▼フィードバックの精度を上げる 310

おわりに 312
脚注 i
推薦図書 iv

第1章

良いフィードバックのための基本

―

辛い経験は、人をいっそう強くする

――フリードリヒ・ニーチェ『偶像の黄昏』より

とにかく「成長」にフォーカス、「評価」ではない

成長マインドセットでフィードバックに挑む

フィードバックと聞くと、年末の評価面談を思い出す人も多いでしょう。あまり良い気分で臨む人はいませんよね。それはその手のフィードバックの場が大抵、机の向こう側とこちら側で、「攻勢」と「防衛」に分かれるからです。

フィードバックを与えるほうは「取るべき行動」に焦点を当てます。このため「取るべきでなかった行為」についての指摘を行うことになります。

受けるほうはそれに対し、「なぜ、そう思われたのか？」「この間違った行為は私の評価のどの部分に影響を及ぼすのか？」「どのように現認識を和らげられるのか？」などに注意が向き、実際の会話に集中できていない場合が多いです。自分の守りに一所懸命で、できる限りの火消しをしたがるため、いつも、「はい、はい、そうですね」で終わってしま

い、おまけに、そうでない部分まで認めてしまいます。

ここで、一つ私が考えるマッキンゼーとその他のファームや企業との違いをご紹介したいと思います。実は私がいたマッキンゼーでは**「評価」と「成長（育成）」の場は明確に分かれていました。**

アップorアウトで知られる厳しい職場の実態――

評価の場として年末に面談が設けられるのですが、6カ月ごとに1回レーティングをもらった上で、年末に次年の給与とボーナスにつながる話をします。そのとき、手渡されるレターには、割とざっくりフィードバックの総まとめ的なテーマが2～3つ並び、翌年の期待などが書かれ、約1・5ページで完結。それを上司と一緒に読み返し、「Any question?」（何か質問ありますか?）と聞かれるだけです。あとは、その内容を家へ帰ってから、ゆっくりお風呂にでも入りながら、自分がこれまでもらってきたフィードバックと照らし合わせたりしていました。

一方、これとは別に、成長のための機会は非常に多く設けられていました。成長の場はプロジェクト後の都度マネージャーやパートナーと行われるフォーマルなフィードバック、さらに自分の成長を見守ってくれるメンターのようなデベロップメントリーダーとのやりとり、同時にそれだけでなく、プロジェクト中にも随時、インフォーマルなフィードバックが存在していました。そこでは、どうすればもっとうまくできるようになるのか、上司が一緒に原因を考え、的確にアドバイスをしてくれます。もちろん、頻繁に行われたトレーニング中も成長のために様々学びましたが、実際は「仕事の中で育つ」というのが暗黙の了解でした。

その結果、コンサルタントはこう考えるようになるのだと思います。**「このファームは私の成長を非常に重視してくれている」**と。ただ、プロジェクトをこなし、裁かれ、去っていくのではない、と。アップ or アウト（昇進できないものは去れ）で知られるだけに不思議に思われる方もいるかもしれませんが、決して評価や批評重視で強制的に人を育てていたのではありません。むしろ、その逆だったような気もします。結果、若手は急速に成長していくのです。

成長対評価フィードバックの違い

では、なぜ成長フォーカスフィードバックのほうが重要で、かつ効果的なのでしょう

▼ フィードバックには2種類ある

	成長フォーカス	評価フォーカス
スタンス	人を導く	人を裁く
重視するところ	詳細に焦点 （その人の具体的な仕事のスキルや、言動、マインドセットなど）	大きなメッセージに焦点 （トップダウンの大目標など）
	改善に時間を割く ＝「どうすればできる？」	注意に時間を割く ＝「ここができていない！」
時間軸	未来の可能性を重視	過去の過ちの振り返り
何と戦うか	自分との勝負 （自立した個人として努力する） ＝「自分に負けない」「自分の可能性を最大限に伸ばす」	他者との勝負 （他者との比較や評価を気にする） ＝「自分は周りより優れている・いない」

か？　その特性を、いくつかの軸でまとめたので、上の表をご覧ください。

ここでお伝えしたいのが、そもそもフィードバックを行う上で、あなたが、そしてあなたのチームや同僚がそれをどう捉えているかによって、その効果が大きく変わってくるということなのです。

成長にフォーカスするフィードバックというのは、マインドセットが違います。簡単に言うと、「未来形」であり、聞き手のためにカスタマイズされたニュアンスがあり、具体的な例や方法を豊富に用います。逆に評価フォーカスは「過去形」で、他者との比較重視で言わば、その聞き手のためというより、伝え手のためにあるような気がします。

これからご紹介するフィードバックスキル

は即ち、前者、成長に向けたフィードバックというのを覚えておいてください。もしかしたらこれまで慣れ親しんできた評価のためだけのフィードバックを一旦引き出しの中にしまってもらい、一緒にプロアクティブなフィードバックの手法を考えていきましょう。

序章で述べましたが、この本のフィードバックの定義は「特定のプロセスや行動による結果に対して、向上を目的とした情報の伝達」です。キーワードは**「結果」**と**「向上」**です。これをマスターしていただければ、今後はあなたもフィードバックを行うことがより容易で、身近に感じられることになると思います。

「成長」フィードバックで組織の業績も上がる

現場リーダーの努力だけでは限界がある

フィードバックの「結果」について議論されることが多々あります。もちろん個人の成長ということも指しますが、この結果は大局的な業績や組織の向上、付加価値の創出へとつながっていかなくては意味がありません。

フィードバックを成功させるためには、組織の中のシステムとフローについても考える必要があります。どんな組織でも、一度や二度フィードバックされたことがすんなりと解消、改善されるなんて話は稀です。

いくら優秀でも現場リーダーの努力だけでは、限界があるのです。**企業一丸となってフィードバックを根づかせていくためにも、「システム」を作り、それを組織に浸透させるために水が流れるような「フロー」を作る必要があります。**

ネガティブなカルチャーを取り除くには？

ある大手製薬会社の事例で、その過程を見てみましょう。まず、課題から入ります。この会社のフィードバックの課題は次の通りでした。

・評価シートは存在するものの、デベロップメント（成長）へのフィードバックがない
・デベロップメントの計画書に対して、いつ、誰が、何をベースにインプットをし、それを計測するのかのシステムがない
・バラバラの個別フィードバックが行われ、それをまとめて議論する場がない
・しかし、CEOからしてみると、次世代幹部候補は育っておらず、フィードバックの仕組みが形式立っていないことに不安を抱いている

そこでCEOはトップダウンでそれを変えようと思い立ちました。その製薬会社のCEOは欧州系の方で若くにして、才に恵まれ、日本の支社長を任されていました。

私は現状理解ということでまず、米系のプロフェッショナルファームと一緒に360度サーベイを実施しようとしました。マネージャーがリーダーシップを発揮する上で、特定

分野を絞るためにも有効なサーベイだと判断したからです。しかし、それに対しクライアント担当の答えは、**「360度のサーベイはしたくない」**。

理由を聞くと、360度サーベイ（のようなもの）をすると、マネージャーが、デモチ（意欲低下）してしまうからなのだそうです。その企業には既に周りからのフィードバックを批評・批判と捉えるネガティブなフィードバックカルチャーが根づいていたのです。

その背景として、社内では評価シートが幅広く使われている一方、デベロップメントプランは言わば個人的に「興味がある人だけ書いてみてもよい」のような位置づけで、書き方のマニュアルや模範例なども用意されていませんでした。それを書き終えたところで誰かに見てもらい、上司と相談するような場もなく、あまり時間を割きたくなるものではありません。

組織ぐるみでシステムとフローを整える

そこで、コミュニケーションチームと一緒になってまずフィードバックの重要性とデベロップメントプランの手解きをすることにして、CEOのトップダウンビデオを作成。主に、成長が重要であるというメッセージを流し、シニアリーダーたちをはじめ皆、部下に対し、1on1の面談も設けるようにしました。もちろん、議論に必要な質問項目や過去に書かれた模範的な回答例を作成し、各自にブックレットとして配布しました。360度サーベイの結果が数週間後に入り、それを皮切りに専門家を入れ、強みを伸ばす方法と大切さを各マネージャーと幹部に直接指導しました。

その結果、フィードバックが頻繁に行われるようになり、コンピテンシーモデルなども作成され、その会社はその年度末には業界での順位を過去最高のランクまで上げることができたのです。

このクライアントの成功要因はいったい何だったのでしょうか？ それはフィードバックカルチャーというものを目指したことによるものだと思います。**最終的にフィードバックが組織の骨格を担うまでに至ると、これをフィードバックカルチャーと呼び、各自が自然にお互いの成長へ関与することになります。**

この会社ではもともとパフォーマンスを重視するカルチャーが確立していました。そこに個人を通じてフィードバックを行うことになり、斜め上の成長への道しるべを示すことで成長意欲が増し、それが、一段上のパフォーマンスへとつながったのだと思います。

良いフィードバックのための基本

3つのポイントを意識する

フィードバックの目的は、人や組織の成長、ひいては仕事の成果、業績を高めていくことです。マッキンゼーでの出会いで気づかされたフィードバックの大切さ、その原点となる構図を手早くご紹介したいと思います。

まず、**ピープルファースト**でないと、フィードバックというのは成り立ちません。次に、**インパクトドリブン**でないとフィードバックの優劣はつけられません。そして、フィードバックをしている際、全神経を研ぎ澄ませて「その場感」を出す**マインドフルネス**が必要になります。こうして初めて、仕事に効くフィードバックができる人になっていくのです。

簡単な方程式に書き出すと、

（ピープル＋インパクト）×マインドフルネス＝良いフィードバック

になります。それぞれ、順に見ていきましょう。

1 ピープルファーストで考察する

ピープル軸で考えない人（ロジック、コンテンツ重視だけ）はフィードバックスキルという概念を断片的に捉える傾向があり、中長期的には失敗してしまいます。例えば、最近こんな悩みを聞きました。

ある製造会社の課長クラスで10数名のチームを率いる人がいました。その課長さんは、チームにいる30代後半の部下がどんなフィードバックにもうんと言わないし、少し大げさかもしれませんが言われたことの10分の1も覚えていない、と嘆いていました。

あるとき、今後お客さんに必要な提案のアプローチとロジックを考えてきてくれと彼に頼みました。そこで彼は、丹念に時間をかけ、自己流で提案書を作成。ただ、求めているクオリティには程遠く、変更はやむを得ません。しかし、彼は、自分のやり方に非常に満足しているようで、修正を固辞し、妥協しません。最終的にその課長さんは、「私が言っているやり方が正しいのだ！」と強引に押し切ってしまったそうです。その部下はその後しばらく一言も発しませんでした。

課長さんは、自身の言動を反省していたのですが、さて、あなたならどのようにして、こんな部下を説得しますか？

ピープル軸で考える人は、フィードバックの伝え方にも気をつけますが、もっと根本的な「人と人」とのつながりを考えます。このケースの場合、実は、「別の人を間に入れて、フィードバックを行う」が正解の一部になりますが、要は、そこまで機転を利かせて考えていることが重要なポイントです。

戦略コンサルティング・ファームではこのピープルファースト軸という心構えがクライアントファーストと同レベルに置かれていました。そのため、精巧な性格診断テストや感情知性を計るテストに沿ったトレーニングなども実施し、「一人ひとりの属性に対する接し方」などは当たり前のようにフィードバックをするときに考慮します。具体的には、叱咤タイプ vs. 激励タイプ、または、議論派 vs. 一人派、外向的 vs. 内向的、感性派 vs. 論理派、結論から入る vs. 過程を重んじる、など様々なカテゴリーが存在していました。

そこには相手とまず「Connect before you communicate（伝える前に心を通わせる）」の概念が含まれ、肝心なフィードバックの前提としてつながりや相互理解が重視されていました。

フィードバックを考察する上でこのピープル軸は重要なのですが、一言で言い表すにはなかなか難しいかもしれません。その範囲に含まれる、いくつかのキーワードをあえて挙げるとすると、

ピープルファーストとは、

・相手の立場
・共感力
・信頼性
・思いやり
・誠実性
・清廉潔白な
・親密感溢れる
・偏見のない

などを表す、とここではまず認識してください。

2 インパクトドリブンで効果を最大化する

インパクトドリブンとは、簡単に言うと優先順位づけができ、良い決断ができることを指します。例えば以前、私が大人数のプロジェクトを指揮していたときのことです。

朝のチェックイン会議（定例）でその日にやるべき活動とあるべき成果を確認するのですが、どうも大人数なので通常の時間枠を超過してしまいます。原因はこの会議で議論すべき対象ではない、ミスに対する問題解決などが行われてしまうことでした。

そこでこの会議では厳しく「どのようにやる」（HOW関連）の部分を排除することに決めて、それをメンバーにフィードバックしました。すると、徐々に会議体がギュギュッと詰まった形に整ってきて、1週間でチームのコミュニケーションが円滑になるばかりでなく、他の日々のオペレーションミスなども軽減したのです。

インパクトドリブンとは**「良い決断」をする。**フィードバックを行う際、どのフィードバックが大切か、優劣をつけ、3つに絞るなどが基本です。ただし、それだけでなく、相手がわかるように説明し、腹落ちできる内容で根拠を作り、そして、次にどうしたらよいかを明確に言い切ることが大事です。

それは的確なアドバイスを与えるでもよいですし、いついつまでに答えやアクションをメールしてくれでもよいのです。そして最終的にフォローアップを事前に決めたタイミングで行います。

このインパクトドリブンを追求できる形式立った手法が第2章で深堀りする「フィードバックループ」になります。その範囲に含まれる、いくつかのキーワードをここでは挙げておきます。

インパクトドリブンとは、

・リアル（実現性）
・ロジカル
・真髄に徹した整合性
・シンセシス（統一された）
・優先順位
・的確な判断

などを表すと認識してください。

3 マインドフルネスで「その場感」を出す

昨今、ヨガであったり、ピラティスであったり、瞑想であったりが大人気です。私の妻も近所のヨガスタジオとオンラインのヨガプログラムの両方をえらく気に入っております。最近は、私もこの仏教の教えに従い、少しでも現在に集中しようと坐禅を試みていますす。このすべての象徴ともいえる言葉がマインドフルネスという概念で、カバット＝ジン氏のプログラム開発を発端に現在の知名度に至るまで広まったとされています。

マインドフルネスとは**「我、ここにあり」**の意味を含み、今現在起こっている状況や物事に100％の注意を向けるプロセスのことを指します。リーダーシップ力が高い人ほどこのマインドフルネスが優れており、我々もそういう人の前ではその温かい空気に包まれたような状態に陥ります。

私の友人でニューヨークのトップローファームで国際企業弁護士をしている、ハーバード大学ロースクール卒の凄腕リーダーがいます。彼にフィードバックを求めることがあるのですが、このマインドフルネスとわかる特徴を備えているのをひしひしと感じます。

第一に、彼はリスニング力に非常に秀でており、私が問題を説明しているときに決して割って入ったりしません。沈黙した状態で最後まで待ってくれます。「そうそう、あなたが言いたいのはこういうことね」と軽く私の意見を端折《はしょ》ったりしません。次に、質問に対し、一言一句丁寧に言葉を選んで答えます。そして最後に、ここが一番素晴らしいところ

▼ マインドフルなフィードバックのために

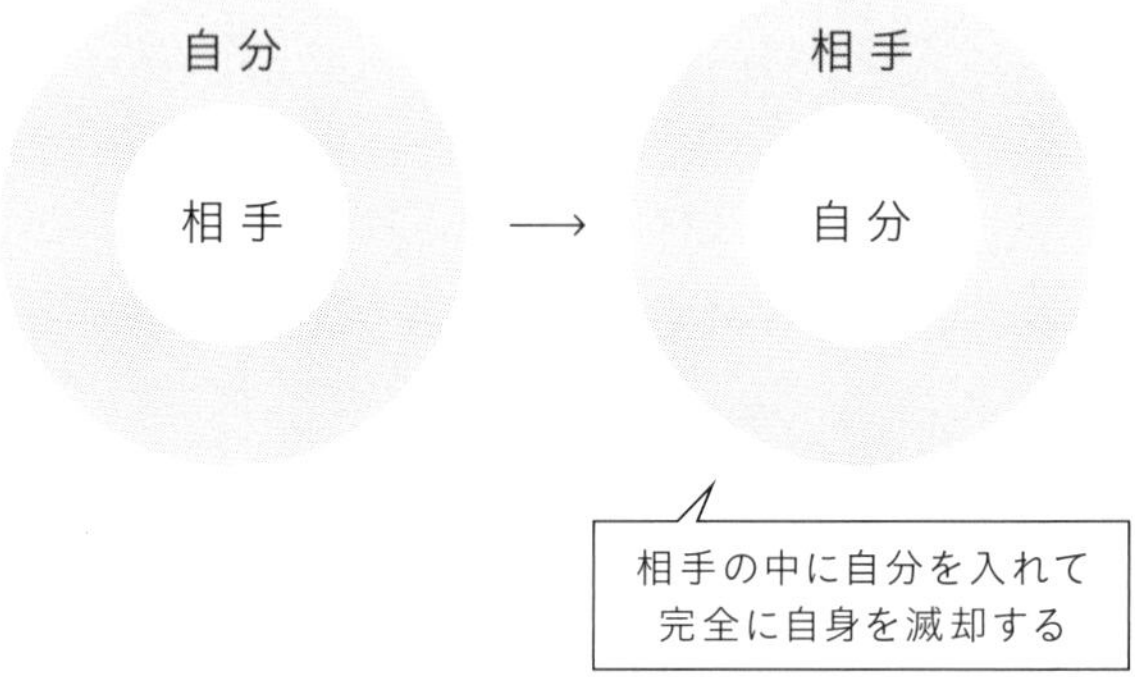
自分
相手
相手
自分
相手の中に自分を入れて
完全に自身を滅却する

なのですが、私が理解している言語や重んじる価値観（バリュー）、経験、軸で話してくれます。

極端な話、マインドフルネスを意識している人は1対1000人のスピーチホールでも、常にその聴衆全体を意識し、自分がその中のある一人と対話をし、またその人も話者と一対一で対話がなされているという感覚や錯覚に陥ります。

デジタル時代が進み、フェイスブック、インスタ、ツイッターなどの影響で我々は日々注意散漫になりがちです。

フィードバックにおいてもセッション中にスマートフォンのメールをチェックしたり、PCを開けながら話したり、世間話になんとなく飛んだり、真剣な場で冗談を言ったり、肝心なところで目線をそらしたり、難しいディスカッションに心ここにあらずで適当な話をする人を目の当たりにした経験があるのではないでしょうか。

これらはフィードバックを行う上でネガティブ要因になります。フィードバックを行うときはその限られた時間内に、相手に全身全霊を込めて接する必要があります。10分20分とだらだら話すより、たとえ1～2分でも全力集中したフィードバックが有効です。

私がこれまで出会ったフィードバックの上手な人はこのマインドフルネスを知らずとも、それを実行してきたのでしょう。まずは次のようなことを意識して相手との会話に臨むことが大きな一歩です。

マインドフルネスとは、

・五感が研ぎ澄まされた集中力（「全集中」とでも言っておきます）
・心の全部で物事をありのまま聞く力（アクティブリスニング）
・丁寧に言葉を選ぶ
・相手の軸や価値観を意識しながら話す
・二元性や二元論に固執しない

などを表すと認識してください。

相手に本当に役立つフィードバックとは？

喜ぶ人はほんの一握りと心得る

人は本当はフィードバックが好きです。意外？　実はそうでもないのです。欧米の組織内で行われるフィードバック調査などで、必ずと言っていいほど挙げられるのが、「フィードバックが足りない、もっとしてほしいという項目」です。

約6〜7割の人がそう答えます。フィードバックをどの程度好きか、その姿勢やマインドセットを表す言葉もあるほどです。[*5]そして、できる人ほどフィードバックをどんどん欲しがり、急速に成長していきます。

しかし、日本の人は、誰かからフィードバックをしてもらうのを嫌がります。良く思われていたいという思考が強いのと、迷惑をかけているという自責の念と、失敗はダメという教育、トリプルに阻害的要素が浸透しているからです。そこがかなり欧米と異なります。

欧米では失敗から学び、さらにそれを良くし、以前の自分より良ければグッドだという哲学があります。モノづくりに対して日本は類似した哲学があっても、人についてそういう哲学はなぜかありません。フィードバックは怒られているという感覚に近いのかもしれません。

つい先日もあるコンサルタントにプレゼンのフィードバックをしようとしたら、それを察知したのか用事を思い出した、とすぐさまその場を離れていきました。私は個人的には、**「なんてもったいないことを」**と思いましたが、その後フォローアップはしませんでした。あくまでも絶対にフィードバックを行わなくてはならない場合を除き、強制はしたくありません。

逆も然りで、日本の人は誰かにフィードバックをするのが苦手です。部下には権限や仕事の一環としてフィードバックをしますが、役割として渋々行っているので、フィードバックの質に気を配らない人が多いです。

それは自身と相手にとってもったいなく、損をしています。また、その他の人には、良く思われていたいので、あまりしないのが特徴的だと思います。

嫌がる人も納得。3つのチェックポイント

とはいえ、実際フィードバックを嫌う部下も、あなたが良いフィードバックをすれば次第に欲しがるようになります。では良いフィードバックとは普通のそれと、いったい何が違うのでしょうか？　この章の冒頭で、成長にフォーカスしているもの、と触れました。それをもう少し詳しく説明します。

意外にも良いフィードバックをできていても、それが何なのかをピンポイントで指摘できる人は少ないのです。ここではそのポイントを具体的に確認していきます。

良いフィードバックというものは、大きく分けて次の3つの問いから考えていくとよいでしょう。

1. Is it SMART?
2. Does it Stretch?
3. When does it expire?

この一つひとつを分解していきます。

1　スマートであるか？（Is it SMART?）

まず、SMARTというのを聞いたことはあるでしょうか。「賢い」という英単語の意味でもありますが、この場合、人材開発の定番とも言われる造語の一つを指します。

S　はスペシフィック（Specific）具体的
M　はメジャラブル（Measurable）測定可能
A　はアクショナブル（Actionable）達成可能
R　はレリバント（Relevant）関連性
T　はタイムリー(Timely）タイミング

フィードバックを行う五感として覚えておくといいでしょう。では、早速使ってみましょう。先ほど、ピープル軸の例で登場した製造会社の課長さんが悩んでいた部下の「クオリティの低い自己流の提案書で、妥協しない姿勢」についてフィードバックをしてみたいと思います。

結局、嘆いた挙句、その課長さんは「私のやり方が正解だから、それでやるように」とスパッと、有無を言わせないメスを入れました。詳細は無論わからないままですが、切羽詰まっていた状態では致し方ないにせよ、そこには命令と注意しかなかったように思えます。まず、初めにこの五感を使用するのに慣れることが前提条件です。凡例なので、少し違和感があるかもしれませんが、我慢してください。

相手に対し、

M メジャラブル

S スペシフィック

「今、Xさんが提出した提案書なのだが、**ここの部分の分析と意味合い**が鮮明に説明されておらず、その打ち手、すなわち何を提供できるかが相手に伝わっていないと思う。相手はこの提案を見て**30%くらいしか読み取れない**だろう。他の部分、例えば、初めの背景と目的は、この文章とあのニュアンスを除けば、わかると思う。

そこでだ。

A アクショナブル

1. もう1回、今のフィードバックをもとに自分で必要な箇所を直してきてくれるか

2. あと、直接赤ペンを入れた部分を修正して、「○時まで」に持ってきてくれないか

R レリバント

この間の提案書も参考になると思うから、送っておくよ。それは私のやり方だけど、マネしてみるのも手だね。**提案締め切りまで時間があと○日しかないから、ペース配分を決めておこう。**それをメールしておいて。多分、あと2回ほどタッチポイントが必要」

誤解を避けるために最初に述べておきますが、最後の**T**タイムリーというのはフィードバックをする相手に「伝えるタイミング」であって、フィードバックの中身の内容の時間軸ではありません。

ちなみに、この例だと、フィードバックはなるべく早いタイミングがよいです。翌日まで待ったりしてしまうと、フィードバック後の修正スピードが追いつかなくなってしまいます。私が見てきた仕事ができる人は受け取ってすぐ成果物をさらっとレビューし、フィードバックの可否を判断しています。そうして、万が一の「ブローアップ（爆発）」を回避するのです。詳細のタイミングに対する考え方は後ほど述べます。

もうお気づきだと思いますが、良いフィードバックの前提条件、まさにテーゼとも言えるのは**「丁寧であること」**です。そして、具体的かつ、相手にゲスワーク（解釈による理解の相違）をさせません。

2 ほどよい目標であるか？（Does it Stretch?）

次に、良いフィードバックかどうか確かめる2つ目の質問、Does it Stretch? です。人の成長は常に自分の限界に挑戦し続けるところから生まれます。やや古く決して適切な例ではないかもしれませんが、漫画『ドラゴンボール』を読んでいた小中学生の頃、私は常に主人公、孫悟空が自分の限界スレスレに挑戦する姿がカッコイイと思っていました。その限界への挑戦が普通のサイヤ人であった彼を、伝説のスーパーサイヤ人と変身させ、悪の親玉フリーザを恐怖のどん底に追い込んでいくのです。それはまさに爽快でした。ただ、そこでキーとなったのは彼が「死なない程度」や「死の淵から蘇る」設定であったこと。**フィードバックを与えるときも、その限界点を意識するとより良いフィードバックになります。**

それは、高すぎてもいけない、低すぎてもいけない。コンサルタントが使う用語に直すと、その段階は慣れ親しんでいる「コンフォートゾーン」（Comfort Zone）と「ストレッチゾーン」（Stretch Zone）と「バーンアウトゾーン」（Burnout Zone）の3つに分かれます。

高すぎると相手はフィードバックを内面化できずに、逆に諦めてしまい、フィードバックの意味や効果が失せてしまいます。これをバーンアウトゾーンと言います。

フィードバックを「アートかサイエンスか」などと言うことがあります。フィードバックは体系立ててシステマチックに学ぶことができるサイエンスです。長い歴史を持つ基本の型があり、それを使えばある程度の質は担保できます。同時に実際に行う相手や状況、内容によって、様々、使い分けることも必要です。そこがアートと言われる所以でもあるのです。

この例でいくと、アクショナブルの例で2つ挙げていて、尚かつタイムラインをキツく締めることができます。両方ともできるならやってきて、でもできなかったら1つ（赤ペンの部分の修正）だけ。それとタイムラインはストレッチゾーンに向かわせる簡単な起爆剤になります。

3 手遅れではないか？（When does it expire?）

3つ目のWhen does it expire? とは、フィードバックを行える賞味期限だと考えてください。ここは非常に重要なコンセプトです。序章でも挙げたように、脳の柔軟性は年齢とともに退化していきます。悪い意味でのフィードバック耐性というのができてしまい、相手のフィードバックを受け入れ難くなるのです。

無論、だからこそ、このような本を手に取って、どんどんフィードバックを与えて育てるとよいのですが、現実はそう簡単ではなくあらゆる人を相手にしなければいけません。

ここで、今一度「できる人ほど、フィードバックを欲しがる、そして、そういう人ほどいつまでも成長し続ける」という言葉をつけ加えておきましょう。当たり前のように聞こえるかもしれませんが、先ほどの製造会社の課長さんの例で一つ肝心な情報を皆さんにお伝えしていませんでした。それは、その部下の方が既に30代後半〜40代前半で未だ役職がついていないレベルであったことです。

これが課長さんがフィードバックを行う上で、実は大きな障壁・障害になっているのです。彼を説得するには通常よりメッセージを噛み砕き、さらに伝えるのにも気を利かせた方法が必要というわけです。

この部下の方のように、強情で意地っ張りで聞き分けが悪い。しかも仕事の出来も今ひとつ、となると、フィードバックをする意欲がなかなか湧いてこないのも事実です。酷ですが、いっそのこと諦める（賞味期限切れ）、という選択肢もあるでしょう。

しかし、そうであっても、**できるリーダーは、最低限、左ページのようなメッセージを伝えることを怠りません。**この部下の方も、メッセージを工夫することで、頑なさがとれて行動が徐々に変化し始めたとのことです。やはり、精神的スタミナとアートのような判断を求められていることが十分にわかると思います。

▼ 丁寧に噛み砕いてメッセージを伝える

残念なリーダーのフィードバック	できるリーダーのフィードバック
「最近元気がなくてダラダラしている」	「朝出勤して挨拶がないときがある。返事も 1 回で『はい』を言わないのが目立つ」
「まだ資料できてないのか。 （焦った表情） 早く見せて。細かい点は後で修正すればいいから」	「資料の現状版を今すぐメールで送ってください。未完成のところは印を入れて、何分後に細かい修正を終えたものを送るかを明記して」
「さっきのプレゼンは何を言っているのかわからなかった」	「さっきのプレゼンの冒頭で見せた回帰分析と次のスライドの流れが噛み合っていないので、最初の 2 分でみんな何を言っているのかわからなくなった」
「夜遅くなると、使えないヤツ」	「夜の 11〜12 時頃になると、明らかに眠くなり、その反応の鈍りが他のチームメンバーの仕事の速度やアウトプットの低下につながっている」
「会議でつまらない質問をするのは時間の無駄」	「さっと調べればわかるようなファクトベースな質問はなるべくしない。もっと深堀りが必要な『考えを促す』質問をするべき」

sidebar

私が出会ったフィードバックの達人

厳しい現実を突き詰める5億ドルの資産家

凄いフィードバックをする人は、自信を通り越した、一種の「確信」のようなものを持っています。その人は以前にいくつもの企業を生み出し、企業価値を瞬く間に上げ、売却した後にさらに大きな企業を作る、気迫のある欧州人でした。おかげで当時私が参画したベンチャーは1年で従業員が数百人伸び、年商も年数億程度から数十億へ跳ね上がり、資産価値も10倍以上飛び上がりました。

他の人との違いは、「強気でいけ」だとか、「元気を出して」とか、「やればできる」とか、そのような類の台詞は一切吐かず、**常に具体的に、詳細部分まで根掘り葉掘り入ってくるところ**です。同時に何をするにもポジションを取ることが大事だと教えてくれたことを今でも鮮明に覚えています。

当時、十数人で毎週のように行われたコールでは、彼がくれるフィードバックは常に、「どんな活動をしたかは興味がない」で「活動の結果、どんなことが判明し、それが何につながったか」です。毎回誰かが怒鳴られていましたが、事実彼は我々に的確なフィードバックを飛ばしていました。

例えば、商談を成立できない理由を列挙すると、その一つひとつに答えていきます。「前回、価格を提示するのが早すぎた、そして価格も高すぎた」といった場合、では、「次回からタイミングと値段両方とも気をつけて、優先順位づけしてから挑め」なんて曖昧なフィードバックはありませんでした。常に、「タイミングの成功事例はないのか」「次回はその価格でいくな、これでいくように」など、具体的にフィードバックをしてくるのです。

私の好きなテニスで言い換えると、「相手はフォアハンドが強いがバックも警戒しろ」みたいな、意味合いが複雑なメッセージはありませんでした。あったのは、的確に要所要所で「今スピンに気をつけろ」「次回は相手が攻撃をしかけてくるまで耐えろ」など、詳細部分の戦略まで理解できるフィードバックです。

フィードバックのタイミングとは？

アツアツのポテトは美味しい。冷めて、しなっているフライドポテトほど不味いものはないと私は思います。世の中には温かいうちに食べたほうがよいものがあるように、フィードバックの中にも今すぐやっておきたいものもあります。

完璧とは言えないですが、それは例えば、こんなものです。

・状況説明の「再現」が難しい場合、説明が長くかかってしまう場合
・クライアントから直接的な注意があった場合
・ビジネスに対してリスクを感じた場合
・周囲（誰も）を非常にイラっとさせる態度や行為

せっかくのフィードバックも、タイミングを外すと、うまく伝わらず、場合によっては

業務に支障が出てしまうこともあるでしょう。ここではフィードバックを効果的に伝えるためのタイミングについてお伝えしていきます。

小さくても障害・障壁になることは必ず言う

あなたはフィードバックをするときのタイミングを決めていますか？　**業務を遂行する上でリスクや妨げになる行為はただちにフィードバックをします。**

例えば、重要な顧客との商談で論点がズレてしまう発言であったり、自分の意見をファクトのように語ったり、エアタイム（自分の存在誇示）だけのために「私からももう一点」などと既に発言されたコメントを繰り返し応用したり、会議中（特に電話会議でよく耳にする）「はい、ええ、Uhhuh」などといちいち耳障りな返事をしたり、クライアント先のエレベーター内や廊下で機密事項を迂闊に（電話越しに）誰かと話していたり、といった類のものです。

つい先日も、とある事業会社の営業統括部長の方に、「仕事ができる上司の一つの特徴は、いつチームメンバーにフィードバックをするかを十分心得ていることだと思います」とお伝えしました。すると、即座に相槌を打って、「だけど、それが難しいんだよね」と彼は部下の部長クラスの人たちを思い浮かべて苦笑いしていました。皆さんもご自身のチームメンバーや組織に対して、悩めるところかもしれません。

直しやすいものから順に。言うべき4つのタイミング——

フィードバックとは短期的に直せるものと、中長期的に時間がかかって直せるものとがあります。それによって行うタイミングも違います。その種類は次のように整理できると思います。

1. マナー
2. 仕事のプロセス
3. 仕事の品質
4. マインドセットや人格

基本的な答えから言ってしまうと、「HOW（どのようにやるか）」を議論するのが先で、「WHAT（何をしたらいいのか）」がその次。最後に「WHY（なぜ）」を聞かなくてはいけないものが最後という感覚でいいと思います。

1 マナー

ミーティング中に相手の目をしっかりと見る、貧乏ゆすりをしない、打ち合わせの10分前には部屋に入り準備をしておくこと、「親しき仲にも礼儀あり」のように必ず守るルールとリラックスするルールを持っている、などです。

数カ月前、恥ずかしながらチームがクライアントから、こんなフィードバックを受けたこともあります。「仕事にはぬかりがないのですが、もう少し早い時間に来て打ち合わせの準備をするのが、こちらの働き方なのですよ。重鎮が入ったら待たせないが鉄則なので」と厳しいフィードバックをもらいました。

どうも我々はパートナーの中でも遅いようでした。少しクライアントに慣れ親しんだ傾向もあり、気づきがおろそかになっていたようです。マナーや作法に関するフィードバックは言った次の瞬間から直せるものがほとんどですので、**「気づいたら即」**が決まりです。

きついことも、例えば「今、私が話しているときに、口を挟まないで」というようなこともすぐに言ってください。仮に相手にそんなつもりがなかった場合でも、その価値観の違いが伝わります。

2 仕事のプロセス

打ち合わせの入れ方やその段取り、細かいレベルではファイル保存の整理の仕方、期限の設定、期限を厳守してもらうこと、などです。

仕事のプロセスは最終的にアウトプットに影響するので、大切です。私はアウトプットとプロセスは切り離せないと思っています。

簡単に言うと、**ワークプラン**というものになります。いつまでに、誰と、何を話し、どのような調査や分析をし、まとめ、数々のステップを踏んで仕事の最終アウトプットまでいくかがここで決まります。

工場などのラインで言うならば作業工程。ホワイトカラーのオフィスワーカーの世界では仕事の仕方、方法や実行。割とテクニカルで簡単なことが多いです。

3 仕事の質

アウトプットの深さ、知見、インサイト、洞察力などを指します。仕事のクオリティは多岐に渡ります。コミュニケーション（長い、短い、わかりにくい、詳細すぎる、など）、問題解決のやり方、アウトプットの見せ方、等々。

最近になって思うのですが、専門家になるまでに必要と言われている1万時間ルールにおいて、実際その仕事に関して費やさければならない時間は3000時間くらいで、あとは**いかにそれを「磨くか」**だという認識です。年数で計算してみると2〜3年になります。

ちなみに先ほどの「マナー」や「仕事のプロセス」におけるフィードバックというのも、一つの目安として、2〜3年くらいは与え、その後はすべて質に変わってなくてはいけません。

4 マインドセットや人格

マインドセットや人格は複雑です。誠実性、信頼、頼りがい、決断力、柔軟性、順応力、創造性、ドライブなどについてのフィードバックは、行うタイミングを後で述べるフォーマルな場へ移すのを勧めたいと思います。これらは安易には取り扱えない、人の深層から深海深くに眠っているものだからです。

例えば、部下に仕事を任せるのが苦手な場合。その人は自分で多くの仕事を抱え込んでしまい、結局リーダーとしては致命的になってしまいます。その理由の一つはもしかすると、相手を信頼できないことにあります。

こんなデリケートな話をクイックに済ませてはいけないので、そのポイントを呼び起こすときには、静かで、二人の空間が演出できる、落ち着いた場でやるのが適しています。そもそも、きっかけがあるはずです。**高度な根源探しになるので、一筋縄ではいかない打開策が必要になるでしょう。**お互い、ゆっくりとそれを解決していきます。

以上が、日常の場面でフィードバックを行うときのタイミングの目安になります。ぜひ参考にして、部下やチームの成長に役立てていただければ幸いです。

日常の中でフィードバックの機会を探す

リーダーでなくても場数は踏める

皆さんもお気づきの通り、本章でここまで主に述べてきたのは、上司という立場から部下を想定したフィードバックについてでした。

しかし、フィードバックの機会は、それだけではありません。私たちは本来、フィードバックスキルを高めて、部下以外、様々な相手とのコミュニケーションに活用することができます。その結果、業務の生産性が上がったり、相手に喜ばれて信頼されたり、など、仕事の質が大きく変わるのです。

特に部下もいないし、誰かに求められてもいない。フィードバックに挑戦しようにも、どこからチャレンジしたらよいかわからない、そんな人のために、今すぐできるフィードバックの機会をご紹介しておきます。

1 相手へのギフトとして（関連部署の協力者など）

例えば、先日市場と企業のリサーチをある方に頼みました。その方は通常アシスタント業務をしています。要件は次のようなもので、「対象企業の概要、財務状況」「競合分析をしたいので、市場のトレンド」「デジタルの脅威性」といったリクエストです。

コンサルタントは日々、会社の中で複数の部門やオフィス、ひいては国を跨いで仕事をしていたりするので、まさに、チーム力というか、群衆の知恵のようなものが差別化要因になります。

その依頼した方は丁寧にフォルダーを作成してくださり、リンクも送ってくださり、わかりやすいように点線や付箋などもつけてくれました。最終アウトプットのイメージに沿った形で出してくるように頼んだので、情報も処理しやすかったです。

通常、この手のやりとりはその成果物の受領で終わり、その後、フィードバックをする人は多くありません。だからこそ、そこでの対応が差を生みます。

例えば、「どの情報が役に立ったか」「どこが欠けていたか」。それと実際最終の資料に作成したものがあれば、そこに対してコンテンツのフィードバックもします。「文言が統一、標準化されていない」「チャートの分析だけでその意味合いが出せていない」。このようなことを丁寧に伝えると喜んでもらえることが多いです。

ここで一つ重要なことは、**相手が期待していないところでも、相手に役立つフィードバックをする**という心がけです。そして、通常我々の場合、最終成果物というのはクライアントと直属のチーム内でしか共有しないのですが、私は常に「あなたが貢献してくれた箇所はこのように反映されております」という意も込めて、送ることにしています。

もちろんそうすることによって、次回からまた仕事を頼みやすくなる利点というのもありますが、人はフィードバックをすると育つという考えが根底にあるからです。

あらゆるステークホルダーに対してフィードバック能力が研ぎ澄まされると、自分のコミュニケーションの引き出しが何倍にもなり、また、そうやってコミュニケーションを取った相手に助けられ、何倍も良い仕事ができるようになっていくのだと思います。

2 高め合うきっかけとして（同僚や友人）

これから意識的にフィードバック力を高めたい。そんなとき、まず試していただきたいのが同僚へのフィードバックです。日々頻繁にコミュニケーションを交わし、サイドバイサイドで働く仲間だからこそ、フィードバックの機会には事欠かないでしょう。

私が同僚レベルの人へフィードバックをするときにまず意識することは、**「相手がこのまま上司になったら？」**です。この人は良い上司になるであろうか？　もし、違った場合、私はなぜそう思ったのか？　それを繰り返しながら、その人へのフィードバックを準備します。客観的に見て、改善すべき点を単刀直入に言うのも可能なのですが、この場合はパワーバランスも視野に置きながらアプローチする必要があります。具体的には次のような気づきを捉え、伝えてあげると効果的でしょう。

・相手が設定した目標に対してのフィードバック
・周囲へのコミュニケーションスタイルや態度
・チームメイト、同僚として、働き方の違いや難しさ
・自分が既に、ハードとソフトのスキル面で一目置かれている場合、それに対して相手の不足部分

大抵の人は、ある成長目標に向かって走っています。それを事前に知った上で、ここぞというときにフィードバックをすると非常に相手に刺さります。あなたは自分の同僚や知人の成長目標を把握できていますか？　それを知った上で時折、的確なフィードバックを

すると相手は喜ぶものです。

ある知人はコンサルタントを卒業して事業会社の取締役を目指しています。またある人は特定領域でクライアントに最も信頼されるシニアアドバイザーになることに一所懸命です。そしてまた別の人は会社の後継者育成に野心を燃やしています。

そんなとき、「ちょっとフィードバックがあるのですが、どうですか？」では好感を持たれません。逆の立場で想像してみても、よほど近しい距離でないと、違和感がありません。もう少しカジュアルに、「この前、あのフレームワークの提案は非常にシニアなメンバーに刺さっていたよ、特にイノベーションとニッチとの2軸で話してくれたところは面白かった」など、褒め言葉を中心とした口調で伝えます。

同僚レベルへのフィードバックは、親しい関係であればあるほど心理的なハードルが下がるのでお勧めです。的を射たものであれば、今度は相手からも良いフィードバックがもらえるかもしれません。それがきっかけで、お互い高め合う関係が築ければ一石二鳥です。

3　真摯な反論やノーとして（上司や目上の人）

20代の頃、私は部下の立場として上司の誤りに対して「反論する義務（Obligation to

dissent)」があるという大事なエッセンスを学びました。**相手が目上であっても、より良いアウトプットのためには忖度しない。**そして、その方が言うには、上司も人間、だから自分勝手な行動を取る場合もある、と。反論すべきときはする。ただしその際は、「なんてむかつく上司なんだ」という発想ではなく、「この人は実際何を伝えたいのだろうか？」というような機転の利かせ方が重要だと。

以前、年度会議である人が代表レベルへ、リージョンの成長鈍化について問いました。その逆鱗に触れたのか、そのコメントに対し代表は我を忘れ、半ば彼を叱りつけました。その場に居合わせた誰もが驚いたのですが、そのとき別の部下が、その言い方は少しキツくありませんか、とフィードバックを代表に投げました。一旦、シーンとしましたが、その後代表も自らの言葉を訂正し、その意図を説明し直しました（過去より将来に焦点を…等）。

やはり、上司とて、常にあるべき姿の問いに真正面から応えるのは難しいのです。そして、部下もときには相手が目上であっても、反論したり、ノーと言わなければいけない場面があります。そしてそんなときこそ、相手が冷静さを失わないためにも、あえて落ち着いた口調で伝えなくてはならないのです。

なお、**こうしたフィードバックは、ときに自分の正当な権利を守るためにも必要となります。**例えば、私の場合、自分の時間を軽く見られると非常に頭にきます。時間というものはこの世で一番大切な通貨だと信じているからです。私の場合、タイム・イズ・マネー（時は金なり）ではなく、タイム・イズ・モアザン・マネー（時は金以上）のほうがしっくりきます。それは私が誰に対しても同等の尊重をもって接している部分でもあります。

しかし、困ったことに、中にはそうでない人もいます。自分のほうがポジションが上だからという単純な理由で仕事の優先順位づけをしてしまう悪い習慣を持った人もいます。

以前、プロジェクトを複数抱えているときに、その上司の新しいプロジェクトへの参加を打診されました。そこで私は向こう2～3カ月の既存プロジェクトにおけるブラックアウト（ダメ）な日にちを伝えます。彼は難しい顔をしながら渋々聞いていましたが、そのときは私も協力的、かつ積極的に意見を交わしました。

1週間後のことです。いよいよ担当プロジェクトの一つが最終段階提案に至り、社内で日程の再確認をしていると、彼は、「向こう2カ月、この日とここ数日あなたはお休みするけど、どうにかならないかな？　もしプロジェクト期間が早まったらここは無理かな」と言いました。

そこで、私は「やはり」と思い、自分の時間を正当に尊重してもらえるよう、即座にフィードバックをしました。内心かなり怒っていましたが、落ち着いた口調で「おっしゃっている日とここ数日は休暇ではなく、別のクライアントの仕事ですが、なぜ今、

『お休み』と言われたのですか?」と。その後は言うまでもなく、彼が訂正をし、次回からはそういった誤解がなくなりました。

ここで、一つ私が随分と昔に読んだ英語の専門書からの教訓を共有させてください。それは、この一句です。

「あなたは常々上司に対し、あなたがどのように扱われたいかを知らせ(シグナル)なければなりません。さもないと、その上司は彼の意のままにあなたを使うでしょう」

人間の尊厳というものは声を大にして初めて理解されるものです。植民地支配や人種その他の属性による差別など、数々の歴史がそれを物語っています。

とはいえ、フィードバックにもペッキングオーダー――

このように、日常の中でフィードバックの機会を捉え、様々なステークホルダーと、より良い人間関係を作り、良い仕事をしていくことが可能になります。

フィードバックは相手に応じて細部まで気を遣うコミュニケーションなので、やればやるほどレーパートリーも増えて腕が上がっていくでしょう。ただしその際に一つ、気をつけておきたいことがあるのでお伝えしておきます。

ペッキングオーダーとは鳥の群れの社会における優先順位のことを意味しますが、**フィードバックにおいてもなるべく順序よく、順番を守りながらその範囲を広げていくことがポイントとなります。**実のところ、日々当たり前のように行っているフィードバックですが、これにもやりやすい順番があるのは確かです。

まず、部下に対するフィードバックというのが一番単純明快です。次には同僚。3番目に直属の上司。パワーバランスを考えると関連部署も部下並みに容易にできますが、それほど動機が湧かないことが多いかもしれません。

最後には顧客に対するフィードバックや上司の上司に対するフィードバックです。よほど近しい関係構築ができている場合を除いてコミュニケーションリスクは高まります。その感覚は時間と場数を踏みながら、じっくり育てていく必要があるでしょう。

求められたときにのみ応える、範疇を狭めて自分が知見がある領域に特化する（例：ダイバーシティ、自己の専門分野・得意とする領域）、などを原則にするとよいと思います。

フィードバックを行うにあたっては、簡単な相手からそうでない相手まで様々です。早めに自分の意識と相手が求める期待値を合わせておくことが大事になります。

チェックリスト 1

あなたのフィードバックスキルは何点？

本章では、実際にフィードバック（FB）の手法をご紹介する前に、基本となる原理原則についてお伝えしました。これらの内容を参考に、フィードバックスキルに関する次の12個の質問に答えてみてください。これから優先して磨くべき箇所を知る手がかりになるはずです。

1 あなたはフィードバックをどの程度実践していますか？

5 4 3 2 1 点数（以下同）

いつもそうしている ／ 全くやらない／面倒くさい

2 あなたは相手の仕事と仕事以外の状態を理解した上でフィードバックを行っていますか？

5 4 3 2 1

いつもそうしている ／ 全くやらない／面倒くさい

3 あなたは相手の成長に軸を置いて話していますか？

5 4 3 2 1

成長FBに軸を置き、評価のFBと分けて話している ／ よくわかららず、両方を混合している

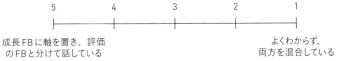

4 | あなたはフィードバックをするとき、弱みだけでなく強みも意識して指摘するようにしていますか？

5	4	3	2	1
弱み強み両方を意識している				弱みだけを意識している

5 | あなたはフィードバックをするとき、しっかりファクトを集めて話していますか？

5	4	3	2	1
鉄壁に集めている				ほぼ集めていない

6 | あなたは普段からチームメンバーや部下のフィードバックしたい点をメモで記録していますか？（観察力）

5	4	3	2	1
メモしている				していない

7 | あなたはフィードバック後の相手の説明や弁明をどの程度意識して聞いていますか？

5	4	3	2	1
よく聞いている				全く聞いていない

8 | あなたは相手の行動に対して自分の感情や気持ちをどの程度伝えていますか？

5	4	3	2	1
明確に伝えている				全く伝えていない

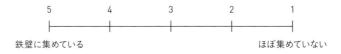

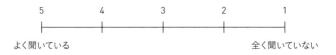

9	あなたはフィードバックにおける正しい行動や行為、いわゆる「解答」を伝えるとき、何に注意していますか？

5	4	3	2	1
相手が腹落ちする、伝わる				相手に答えは渡すがあとは頑張れ

10	あなたはフィードバックをする前に自分が相手に求める能力やパフォーマンスをどの程度伝えていますか？

5	4	3	2	1
常に伝えるセッションを定期的に設ける				職務記述書に記載、もしくは必要なし

11	あなたは苦手な人（優秀／問題児両方）へのフィードバックをどの程度効果的にできていますか？

5	4	3	2	1
できている				全くできていない

12	あなたはフィードバックをするとき、毎回同じ手法で相手に話していますか？（例えば、「ファクト→リスニング→仕事に与えるマイナス／プラスのインパクト→自分であればこうする／さらにこう強める」。「間違った行い→正しい行い」。「本題に入る前に褒める→本題はマイナスの羅列→最後に別れる前に褒める」など）

5	4	3	2	1
同じ手法にしている				手法はバラバラ

終わったら点数を合計してみてください。60点満点中いかがでしたか？質問項目について、部下の方に聞いてみるのもよいかもしれません。

第2章

インパクトを高める「フィードバックループ」

初心者の心には多くの可能性があります。しかし専門家と言われる人の心には、それはほとんどありません

—— 鈴木俊隆『禅マインド ビギナーズ・マインド』より

フィードバックにも「型」がある

通常の注意やアドバイスを超えて

通常のフィードバックは、皆さんも次のように慣れ親しんでいるものだと思います。主に、①**「間違った行いがあり」**→②**「それを注意する、取るべき行為を促す」**、といった単純なものです。

しかし単純なだけに、「ミーティング中に貧乏ゆすりはやめなさい」「相手の名刺を受け取る際は両手で持つ」など簡単なマナーやお作法のときには有効ですが、仕事の中身や複雑な事柄が絡むと通常のフィードバックはあまり有効ではないのです。

「相手が」すぐ直したい、直すべきだと思う事柄についてはこの通常フィードバックのまで私はよいと思います。その行動を続けていると自分にとってはデメリットがあると思わせること、それが肝心なのです。

▼ 通常のフィードバックの場合

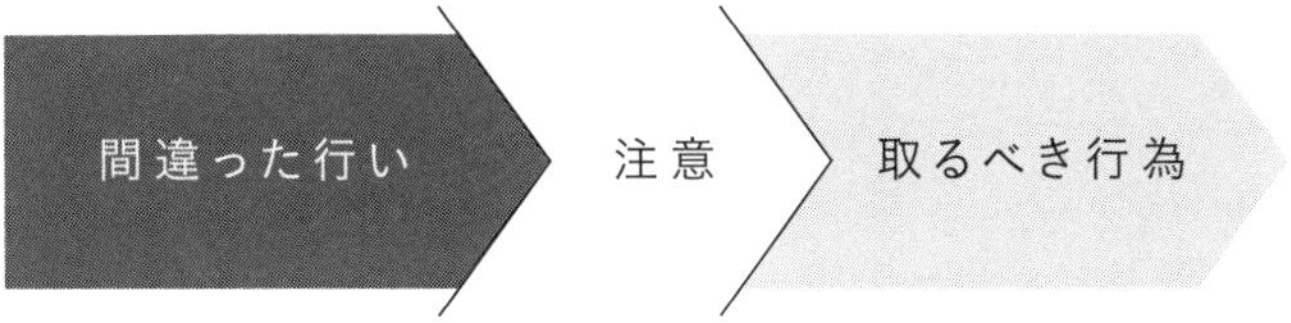

例えば、根本的なマナー、ナイフとフォークの持ち方などは、「恥をかく」という観点から伝わりやすく、簡単なので直しやすいでしょう。

しかし、そんな作法やマナーでもボーダーラインぎりぎり、相手のセンシティブな領域にまで入り込まなくてはいけない場合もあります。結果として、通常よりかなりエスカレートした状況や内容にも対応していくことが、仕事における大切なフィードバックなのだと思います。

最近あるトレーニング中の参加者からこんなユニークな発言がありました。その参加者はＨＲ人事採用の方で、有望な候補者の最終面接をしていました。面接は満足に進み、会社の幹部の方もその候補者に好感触を持っていました。

しかし、その後みんなで昼食に出た際に、勢いに乗った候補者がナイフとフォークを振り回しながら、まるでコンサートホールでタクトを振るように白熱した議論を展開し始めたのだそうです。その場にいた人事とパートナーはこの喜劇的な候補者の様子に驚きの色を隠せませんでした。お互いに顔を見合わせ、この候補者はクライアントには出せそうにないな、いくら仕事ができても、というような意見を交わしたそうです。

その後、どうなったか申し上げる必要もないですが、人事の方は少し寂し気に嘆いていました。その候補者は多分ちゃんとしたフィードバックを誰からももらえていなかったんだなあ、と。

複雑な状況で威力を発揮する「フィードバックループ」――

通常のフィードバック手法が有効ではないのが、日々我々が切磋琢磨しているストレス満載の仕事場、いわゆる現場です。求められるハードルやバーが高ければ高いほど、通常のフィードバックでは難しいことが多いです。

コンサルティング業界もその傾向が強いのですが、だからこそ、そういった状況にも有効なフィードバックの手法というのが概ね確立されているように思います。確固とした唯一の手法があるわけではありませんが、やり方はどれも似通っています。

ここでは、4つのステップを含む**「フィードバックループ」**とも言うべき手法をお伝えできればと思います。簡単に羅列すると、フィードバックをするにあたって次のステップを実行します。

1．観察をし、ファクトを集める（頻度、スパン、量、どこかに記録しておく）
2．相手の言い分を親身になって聴く（アクティブリスニング）
3．その行動について自分の感情や気持ちを伝える（インパクトを与える）

▼「フィードバックループ」4つのステップ

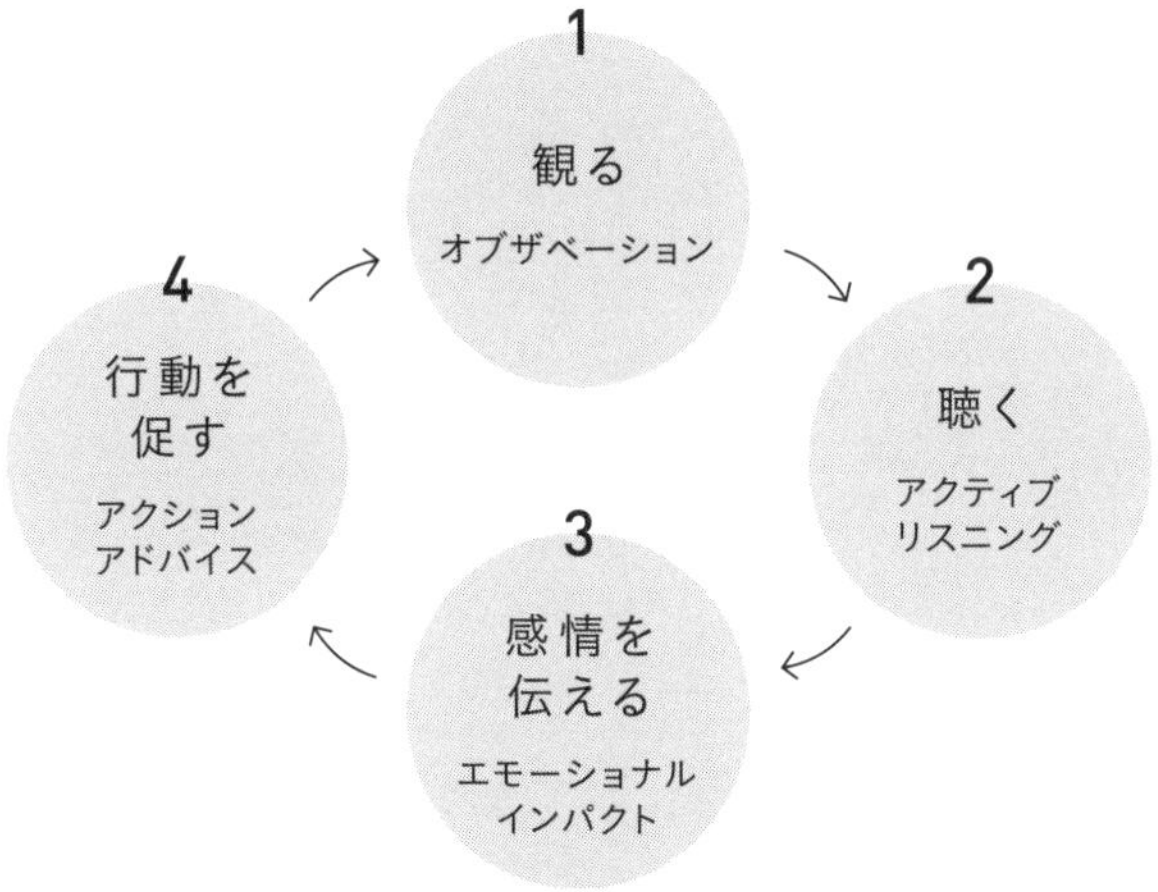

4．自分だったらこうすると案を出し、正しい行為を伝える（正しい解が難しい場合は質問形式で「一緒に」作っていく）

このフィードバックループはフィードバックをする上で役立つ場面がたくさんあります。

・相手のことをあまり知らないとき
・相手も自分のことを評判でしか見極められていないとき
・フィードバックのデータポイントが極力少ないとき
・ネガティブなフィードバックを伝えないといけないとき
・取るべき行為が（実は）はっきりしないとき、協議で決めたいとき
・相手と継続的に仕事やプロジェクトを行わなくてはいけないとき
・相手がフィードバックをもらうのが苦手なとき
・ポジティブフィードバックもネガティブフィードバックも形式立って、思考整理された、同じやり方で標準化したいとき
・成績が悪い人（Underperformer / Lowperformer）に対して、グッと距離を縮め、伝わるフィードバックがしたいとき

・批評や批判的な意見に対して防戦を決め込む部下やチームメンバーがいるとき
・クロスボーダーや文化の違いを乗り越えたフィードバックが必要なとき

と、様々な状況において、このフィードバックループは有効かと思います。同時に、こういうふうに書き出すとフィードバックは本当に様々なTPOを加味した形で行わないといけない複雑なものであることが改めてわかります。

そして、**最も有効なのが、フィードバックをしたくないときです。**フィードバックがどちらかと言うと苦手な人のための万能薬となるツールなのです。

受け手が納得するメッセージになっているか？

では、なぜ、このフィードバックループが効果的なのか。それは、受け手側が「なぜそのフィードバックをもらっているのか」を明確に伝える手法だからです。

フィードバックが有効ではない大半の理由は、結論に辿り着かない、すなわち、相手の腹に落ちることがなく、「何をしたら」と「どのようにして」の議論に飛躍してしまうからです。「相手に伝わること」が大前提のフィードバックにおいて、この「なぜ」を丁寧に説明しないことにはただ時間の無駄遣いに等しいのです。

企業の成功の秘訣の一つを簡単に説明した人がいます。彼はその手法をゴールデンサークルと名づけ、一躍有名になりました。ほとんどの企業は「何を売るか」そしてその売る商品は「どんな特徴があるか」で勝負したがります。

しかし、「売れる商品」とは心をつかむ商品。すなわち、サイモン・シネック氏曰く、消費者とはその物理的なものを買っているだけではなく、その企業にまつわるミッションや存在理由などを買っている場合がほとんどだと断言しています。[*6]

その中枢にくるのが「なぜ」であり、フィードバックをするにしても、これは同じです。**フィードバックを与える側はその説得材料が必要になるのです。**

「基本の型」で手痛い失敗を避ける

本書を手にしているということは、あなたもフィードバックが重要だということをどこかで意識したことがあるからでしょう。フィードバックに失敗した思い出。嫌われてしまった経験。私も複数、そんな苦い思い出があります。

今でも忘れられない教訓を一つ。その方は私のチームにいたアソシエイトでした。頑張り屋さんで、エクセル操作やテクニカルなことが非常に得意でした。人柄も良く、気も合いました。チームは全員で4人でしたが、その上にいた上司以外は皆、彼と非常にうまくいっていました。

ところが、ひょんなことから、私はそのアソシエイトの悪口を、ある尊敬している先輩から聞いてしまいました。ここが良くない、あれが良ければもっといいのに、といった類のものです。

当時まだ未熟だった私は、安易にそういった他の人の意見に感化され、間違ったフィルターを通してそのアソシエイトの行動やパフォーマンスを見ていくようになります。最終的に「思い込み」が激しくなったフィードバックを彼にしてしまい、ずいぶん長い間嫌われてしまいました。もっと早い段階でフィードバックの基本を身につけておけばよかったと非常に残念です。

これから本章でご紹介する「フィードバックループ」は、あらゆる仕事の場面での使用に最適化したフィードバック術だと思っていただければ幸いです。日々の現場で随時行う非正式（informal）なものから、社内制度として定期的に行う正式（formal）なものまで、この型さえ頭に入れておけば、一通り対応できるようになっていると思います。

観察する

普段我々は「フィードバックをやるぞ」と念頭に置いて仕事をしていませんし、必死にフィードバックのネタをかき集めるために走り回ったりはしません。フィードバックというのは相手との仕事の営みの中で自然に出来上がるものです。要は観察力が試されているのです。

フィードバックが上手な人は、部下と仕事をしていく上で、足りない部分と伸ばせる部分、両方に対する「気づき」もまた他の人より数倍多いです。ただこの観察力だけで、フィードバックの達人という結論には至らず、この後詳述するリスニング、コミュニケーション、アクション強化などが絡んできます。とはいえ、大切な登竜門には変わらず、この気づきの多さによって部下の成長が加速する、と言っても過言ではないでしょう。

いかに「事実」だけに着目するか——

「あなたはいつも遅刻する」

こんな注意やフィードバックをした経験がある人がほとんどでしょう。しかし、この簡単簡潔な文には3つほどの暗黙の前提（仮定）が含まれています。あなたはわかりますか？

2つはおわかりですよね。**「いつも」**と**「遅刻」**です。実際、この手のフィードバックをしても、相手から「証明しろ」なんて状況に追い込まれることは皆無だと思います。しかし、厳密に言い直すなら、

「あなたは週4回、8時30分のミーティングに10分ほど遅れて参加しています」

のほうが正しいのです。

3つ目はわかりましたか？　そう、隠された言葉**「ミーティング」**です。この簡単な文を読まれた読者の方々でも、「遅刻」というのを「出社」というふうに置き換えた人も少なくないでしょう。

我々の脳というのは常に慣れ親しんだ経験や過去の状況に当てはめて、物事を整理する傾向があります。それは常にサバイバルモードに置かれている脳の生存手段と言ってもい

いでしょう。まず、推測をして後で間違いを正す。ただフィードバックを与える上でこの推測や憶測というのは厄介です。

フィードバックをする際に、大抵は感情が多く絡みプレッシャーやストレスが溜まるので、なるべく意訳を回避し、同じ土俵で話すのが大切なのだと思います。端的に、一言一句を意識して正確に伝える努力が必要なのです。

あくまで「ファクトベース」で話す

事実に基づくフィードバックというのは相手の考えを先読みしないという点に尽きます。「話すのが雑」や「作業が雑」というのも事実に基づいているのですが、さらに一歩踏み込んだ形で雑とはどこを指しているのかの説明を初めにすることです。

私も驚きを隠せないフィードバックをいただいたことがたくさんありますが、コンサルティングファーム特有のこの事実からぶれない、ファクトベースという特性に救われた（笑）ことが多々あります。

例えば、あるオペレーション管理改善のプロジェクトで、当時の上司から「文書ファイルの余計なデータは消さないといけない、このようにしっかりと完璧に見せるのが重要だ」と言われました。

上司は非常にキメ細かな人でした。フィードバックの内容はアウトプットをデジタルだろうがハードコピーだろうが完璧にする、でもよかったのですが、それだと私に反論の余地を与えるので、しっかりと具体的に教えてくれました。

ただ、にわかには信じ難かったのですが、上司が指摘した余計なデータというのは実はパワーポイントを実際に開かないと「表示されないテキストボックス」のことでした。それも小サイズで、ページの隅っこに隠れる形で置かれたものです。

「これが彼が求める完璧の定義か」と私は学びました。ファクトベースで説明されたことで、単なる小言や価値観の押しつけでなく、彼が本気だということが伝わってきたのです。今でも覚えていますし、このように高いスタンダードを敷いて仕事をする姿勢が大切だということは現在の大きな糧へとつながっています。

もちろん私が現在のチームメンバーにそのようなフィードバックをするか否かはわかりませんが、期待値として持っていることに変わりありません。

この「ファクトベースで話す」というのは、**「客観的にありのままの状態を伝える」**ということと、**「(まだ)感情や自身の思いを乗せない」**の2つに集約されます。

念のため、いくつかの例を出しておきます。

例1

○ベスト：「先週の会議と3週間前に2度、必要資料の提出が10～15分ほど遅れた。その上、先週の会議では、それを回避するため1日前にリマインダーメールを打たなければならなかった」

△まあまあ：「会議資料の提出がいつも遅れる」

×主観（間違い）：「あなたは怠け者です」

例2

○ベスト：「今月は2カ月前と比較してクロージング比率がX％落ち込んでいる」

△まあまあ：「最近、契約のクロージング率が下がっている」

×主観（間違い）：「熱意が足りない。ノーと言われるのが怖いのではないか」

情報を「素」の状態で残し、最後に上位概念を説明する――

フィードバックのファーストステップはありのままで伝える、すなわち日々の仕事で求められている洗練されたメッセージの逆をイメージするとよいでしょう。次ページのように、図に落とすとわかりやすいかもしれません。

コンサルティングで特徴的な思考法に、ピラミッド型の**ロジックツリー**というものがあります。図のように、上位概念（Governing Thought）を一番てっぺんに置き、それを支えるファクトを下にいくつも並べます。このファクトの部分をイメージしていただけると、よいと思います。

実はパチンコ玉のように小さい事実の粒を、我々の脳は日々の仕事の中で拾い集めているのですが、時が経つにつれ、事実であったその鮮明な事柄が上位概念に変わっていきます。最終的に時間が経ち、フィードバックの頃合いにはピラミッドにおける一番上に乗っかる「洗練されたメッセージ」になってしまっていることが多いのです。

フィードバックを行うときは、まずは下位のファクトの指摘から入り、最後に上位概念を伝えるようにすると、相手により正確にメッセージが伝わります。

▼ 下位のファクトから上位のメッセージへ

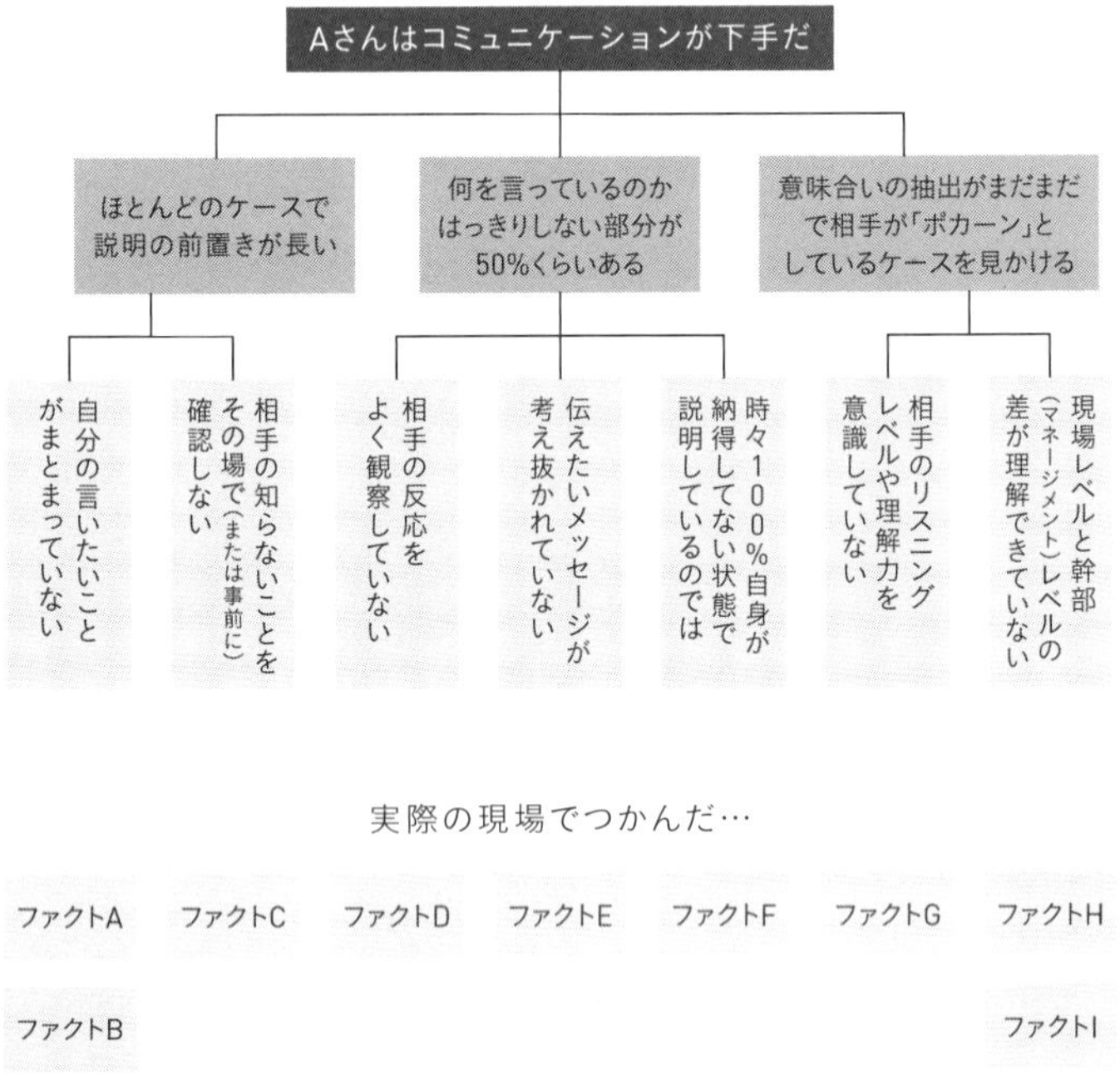

ファクトを取りこぼさないために

フィードバックメモ活用術

山のように仕事が多いとき、部下と頻繁にやりとりをしている最中、クライアントのために急な期限を守ろうと必死に舵を切っている際、最後に思いつくのが、**「そうそう、あの部下や同僚や上司について気づいた点をどこかにメモしておこう」**という考えです。

そもそもフィードバックカルチャーがない組織の中でこうした習慣をつけるのは難しいでしょう。でも成長へ向けたカルチャーが薄くても、年に一度はどんな組織でもパフォーマンスレビューの時期はやってきます。

我々のようにプロジェクト単位のところもありますが、ほとんどは半年、もしくは1年に1回の頻度で相手と正式なフィードバックのやりとりを交わすのだと思います。だからフィードバックの内容なんて真剣にメモしておく必要はない、ではなくて、逆にそれくら

い時間が空いてしまうからこそ、しっかりしたメモは役に立つのです。利点として、

・記憶を辿る時間や手間が省ける
・相手の成長がわかる。特に複数の仕事の機会があってからのレビューの場合
・相手からも信頼される（この上司はしっかりメモを取って見ていてくれたのか！）
・事実に基づいた誠実な議論が可能になる

などがあります。経験上、特に大事なのは最初と最後です。レビューと日々の仕事を両立していく上で、おぼろげな記憶を辿って詳細を一所懸命探るほど時間の浪費はありません。

1 「事実＋感情」を記録

メモする場合は、

事実：
・最近メールの返信が遅れる

・メールの内容やコミュニケーションのタイミングについても、いつもに比べミスが多い
（2020年3月8日）

感情：
自分はまあまあ、怒っていた

と、この二段構えをクイックに書き出します。スタイルは自由ですが、見返しやすいように箇条書きで、そして私は**日付を必ず入れます。**

入れないと、後でフィードバックを既にしたのかどうか、わからなくなりますし、実際フィードバックを行う際の第一の信頼性要因となるからです。また、そのように伝えると、まず相手も覚えていることが多いです。

次に可能な限り、感情をつけ足します。後でフィードバックをする際に、自分の言いたいことのキツさや柔らかさに温度をつけ、他のフィードバックとキャリブレーション（調整）をかけるためでもあります。これは有効です。

事実に対し、時々ですがどうしても感情が入ることがあります。つい最近、ある方のフィードバック担当者に電話会議を申し込まれました。当初、私は色々とその方の作法の

なさや未熟なコミュニケーションや不適切な態度について、結構酷なフィードバックをしました。

しかし、一旦電話を切った後に、メモを見直すとその日は相当怒っていたと書いてありました。それに気づいて、すぐに電話をかけ直し、酷なレビューのトーンをワン・オクターブ下げてもらいました。「もし私以外にも似たようなフィードバックをする人がいたら、そのときは先ほどのトーンで書いてください」とつけ加えました。

フィードバックで大切なのは、公平性をある程度保つ人になることです。後に自分の信頼性へとつながっていくからです。 この感情をメモするというのは自身の苦い経験から来ています。若いときにその匙《さじ》加減の理解を怠った私は非常に痛い目に遭いました。

2 自分宛メールで送信する

フィードバックをする上で、ノートに取るよりも効果的な方法があります。それが、メールを自分に打つことです。日付も時間もすべて記録され、メールならいつ、どこでも、仕事の合間にでも打てます。夜の帰りの電車や車の中でも、イラっときたことも含め、気になることは、すぐフィードバックと題して自分に送れば、気持ちの整理も勝手にできるのが利点です。

いつでも、どこでも、すぐに、の三拍子が揃っています。スマートフォンにもメモ機能はあるのですが、私は断然メールにこだわります。メールを自分宛に打つことによって、そのフィードバックが記録されたという印象が深くなります。「送信」ボタンは実に不思議な副作用を持っていて、それを押すだけで心から少しそのフィードバックのテンションが和らぐのです。

3 「来週フィードバックをください」と言われたら――

とはいえ、仕事に忙殺され、フィードバックに十分な準備や観察ができていなかった人のために、自身からフィードバックを引き出す素敵な方法があります。

来週フィードバックをくださいと言われたからといって、今週の金曜日に机に向かって、「Aさんと仕事をしてどんなことがあったかな、どんな課題や改善点があったかな、どんな強みがあったかな」と自問してみてもあまりマシな答えは返ってきませんし、そこそこ程度の結果しか望めません。そこで、「レビューアーになった思考で考える」という手法を試してみてください。

過去の有意義な事実を思い出すには、シンプルですが、こんな質問を試してみるとよいでしょう。

1．今後Aさんと一緒に仕事をしたいか？ イエス、ノー、そしてなぜ？
2．Aさんに別の仕事やプロジェクトを勧めるとしたらどんなものを勧めるか？
3．Aさんの次の役職への昇級（プロモーション）はイエス、ノー、そしてなぜ？

この3つの質問に答えるだけで複数の要素が絡んだ解答を得ることができます。

1は、Aさんの人柄や性格について考えがまとまることが多いです。Aさんは「一緒に仕事をすると愉快だ。刺激的だ」、もしくは、「思考停止に陥る」などの答えが思い浮かぶでしょう。この質問をして、ハードスキルの答えは（そのスキルが著しく乏しい場合を除いて）まず出ません。こうした自分が言葉にした状態に対し、いくつかの事例を思い出すのです。

2は、スキルの話になります。「分析力が乏しく鍛えるべき」とか、「情報収集力が高くそこをさらに伸ばすべき」など、プロジェクトや仕事において、何をさらに強化・補強しなければならないか、そのように考えると思います。Aさんの成長の立場にたって今後を誘ってあげる精神が生まれます。人は根本は助けたがり屋なのですから、と私は思います。

3は現実的に評価を下すとしたら何が欠点で、欠落しているのかの総まとめができる質問になります。Aさんと仕事をする場合、たとえ刺激的だったとしても、「そうだ、まだプロモーションには早いな」、という一歩引いた見解が可能になります。最近あった実際の例ですと、コミュニケーションの中でも「短く簡潔に上級幹部レベルでの伝達がまだ難しい」と判断した方がいます。

これらを組み合わせれば、だいたいのAさんの人物像を描いて、具体的なフィードバックができると思います。

若いリーダーほどこの観察ステップは効果を発揮する

アンデルセンの童話に『裸の王様』というお話があります。自分を着飾るのが大好きな愚王は狡猾な仕立て屋にまんまと騙されてしまいます。

しかし、本当の犯人はそれを王に「フィードバック」できなかった重臣たちです。王は、幻の衣を仕立ててもらっている過程で、自分のお洒落ぶりを幾度となく重臣たちに尋ねます。が、王の機嫌を損ねまいと、彼らは嘘の証言をしてしまいます。結果、民衆のパレードの前で、王様は赤っ恥をかきます。

誰が言うかで反応は大違い

このように、私たちはフィードバックをする際、ついその内容より「その人」のことが気になってしまいます。たとえ正しい指摘であっても、こんなフィードバックをしたら受け手にどう思われるか、が気にならないわけはないのです。

もちろん、これはフィードバックを受ける側も同じです。例えば、その人にポジティブな印象を持っていれば、フィードバックがスッと入ってくるということ。その反面ネガティブな印象だと、フィードバックが伝わりにくくなります。「この人が言っているのだから耳を傾けよう」「こんな人の言っていることは無意味、聞きたくない」とフィードバックの前に決めつけてしまいます。

ここではっきり伝えておきたいのは、**「フィードバックの『内容』と『人』を切り離して考えるのは困難だ」**ということです。もしあなたがまだ若くて、年上の相手にフィードバックをしなければならないなら、とりわけ切実な問題だと思います。さらに言えば、こうしたことが理由で、相手へのフィードバックを躊躇したくなる状況も十分ありうるでしょう。

ではフィードバックにおいて、受け手の偏見（や不信や反感）を排除するためにはどうしたらよいでしょうか。あなたが部下、同僚、上司、どのような立場でフィードバックを行っても同等に聞いてもらえるためにはどのようにしたらよいのでしょう。

複雑なフィードバックになるにつれ、正しい答えというものがおぼろげになり、境界線が見えにくくなります。だからこそ、このファクトベースの観察のステップは大切なのだと私自身、年数を重ねるごとに実感しています。

思考をファクトに切り替える練習

フィードバックを行うとき、その第一に重要なステップは、伝えるメッセージが自身の思考から事柄（ファクト）へシフトしていることです。

それをチェックするには、まず心得として**「誰が言っても同じに聞こえる」**ということを意識してみてください。主観はゼロでなくてはなりません。たったそれだけ？と思うかもしれませんが、事実、そうなんです。

例えば、「あなたの声は小さすぎる、プレゼンはつまらない」ではなくて、「あなたの声は会場の3分の1には届いていなかった、結果みんな携帯をいじっていた」というふうに言い切ることです。

ファクトに忠実になり、それ以外の余計なことは言わない、とルールを決めてしまいます。言葉遣いが丁寧であれば、単刀直入がベストです。なお、褒めるときのフィードバックも同様です。「最高でした！」の後に何が最高だったのかをはっきり述べるようにしましょう。

▼ **極力、主観を取り除く**

主観	主観ゼロ＝ファクト
「声が小さすぎる」	「3分の1には届いていない」
「つまらない」	「みんな携帯をいじっていた」
「うまくいった」	「次回のワークショップの継続申し込みが9割以上」
「最高です！」	「難しい内容をいとも簡単に説明し、さらに相手のリスニングレベルに瞬時に合わせる高度なコミュニケーションスキルが目立った。特にチームがつまずいた後の、冒頭の入り方は、完璧！」

フィードバックの前に、伝える内容をどこかに書き出してチェックしてみるのもよいかもしれません。

より的確に伝えるには、どこをどう観察すべきなのかなど、ポイントも見えてくると思います。

相手の話を聴く

先日フィードバックを行いました。コンサルタントSさんはクライアントにインタビューをしているとき、

・少し話が回りくどく、長い
・質問も少し回りくどいときもあるが、要点の理解でも長い場合がある

具体的には、

・ケイパビリティ向上に向けての打ち手を出そうとしたとき
・相手が言ったことに対して長期的なことを羅列してから本題に入った
・それで相手が本題の流れをどっちに振ればよいのか迷ってしまった

ここで、ポーズ。合間を入れます。相手に現状を理解してもらい、相手のリアクションを待ちます。ここからがフィードバックループの2つ目のステップ、「アクティブリスニング」という概念を使っていきます。

アクティブリスニングとは？

こんな体験をしたことはありますでしょうか。1on1のセッションで、会話が流れるように進み、相手からは100%の注目をしてもらい、神秘的な光のオーラに包まれるような体験。

不思議なことにそれは隣に座る同僚などからではなく、会社のCEOであったり、ヨガの先生であったり、お寺のお坊さんであったり、知り合いの齢80歳の耳鼻科のお医者さんであったり、あの人はただ者ではないなと思わせてくれる、後で心がワクワクしてくる人から得られる体験です。

そして気づくのが、「あれ？ そもそも会話というより何か一方的に自分が思ったことを話していただけだったのに、気づくとお互い深い話をしていた」というようなことです。

そんな話をとあるグローバルCEOにしたとき、彼はスティーブン・コヴィー氏がまさにそのような感じだ、と言ってくれました。

20年前、彼はあるワークショップで、初めて人材育成界で著名なコヴィー氏（『7つの習慣』の著者）と出会ったときのことを思い出し、まさにこの1on1のセッションのようなワンダーランドに入ったとシェアしてくださいました。残念ながらコヴィー氏は自転車事故で他界してしまいましたが、このようにアクティブリスニングの境地というのは、実際1on1の設定の場でなくとも、相手をそのような気分にさせてくれます。

通常アクティブリスニングというのは、相手のことをしっかり見つめ、言葉を一言一句聞き逃さず、前のめりの姿勢で、すべてを呑み込むといったような印象を与える聞き手になることです。

簡潔にまとめてしまうと、アクティブリスニングは「More than just Listening」というような意味合いになります。それは相手のメッセージのボリュームを上げることではなく、相手にあなたが**「100%いるよというアピール」**をすることなのです。いわゆる、今この世界には私とあなた、それだけが存在している、というような状態です。

私はマッキンゼーの早い時期にこの概念を学びました。トレーニング期間中にロールプレイで何度も練習させられます。そこでは思いやり、共感、利他主義、傾聴、順応性、自覚などコンサルタントとして必要な構成要素に一気に触れましたが、まずは問題解決のために相手に100%いるというアピールが大事だと教えられるのです。20代の若い頃に、こうしたEmotional intelligenceを知ることは、非常に大きな収穫でした。

大きくポジションを取るからこそ必要不可欠――

ただ、実際、アクティブリスニングは「言うは易し行うは難し」の世界です。なぜなら、そもそもフィードバックをするということが、「大きくポジションを取る」ということだからです。

どういうことかというと、フィードバックとは、**「私が観察した結果、あなたについてこう考えます。必要なファクトを集めました。あるべき姿に辿り着く前に、私は私のこうした見方が正解だと思いますが、あなたはどう思いますか?」**と割と大胆かつお構いなしに土足で相手の心の中にズカズカ入っていく行為だからです。

伝える内容がきつければきついほど言葉選びには注意が必要ですが、結局のところ、その言葉が意味する重さは変わりません。このため、例えば、ローパフォーマーに率直にファクトを積み上げて説明する場合などは非常に緊張します。

以前、海外のプロジェクトで仕事に冷めた態度を取り、ミスを連発していたローパフォーマーの方に対し、真剣にならないと次のプロジェクトの機会が危いといったフィードバックをした瞬間、取り乱して大泣きされてしまったケースを今でも覚えています。

人類（ホモサピエンス）は30万年前から、生きるための防衛本能を忘れたことはありません。人生をサバイブするためには、他の人に認められたいという欲求が強いのです。フィードバックが難しい理由は、その根底を揺さぶるものだからでしょう。

人は自分のことが好きですが、強いて言うならば、好きになりたい、そして他人にも好きになってもらいたい、という上位概念に動かされています。フィードバックをする際にもそれを忘れてはならないのです。

信頼関係を築くために

あなたはフィードバックを行う上でどんなことに注意をしていますか？ 相手を傷つけないようにする。嫌われないようにする。正す。相手の仕事のパフォーマンスを上げる。チーム力も上げる。働きやすくする。様々な解があるように見受けられます。

しかし、どれをとってもフィードバックを行う上で根底に必要なのは「信頼」というキーワードです。そのための方法・作法は色々ですが、一つは先ほど紹介した第1ステップの観察、ファクトベースという手法。そしてもう一つはこのアクティブリスニングという手法です。相手の信頼を勝ち取らなければ話は始まらず、馬の耳に念仏なのです。

1 いち早く信頼を勝ち取る方法

では、信頼というのはどのように勝ち取るのでしょう。いざ答えようとするとなかなか思い浮かばないものです。例えば、普段あなたは誰を信頼していますか？ その答えは割と即座に出てきます。家族、妻、夫、親友であったり、会社の先輩であったり、さっと思いつく人がいるはずです。

しかし、そこを深堀りし、なぜなのか説明しようとするとどうでしょう。信じているから、頼りになるから、任せられるから、裏切らないから、それを考えるときに人は過去を思い出します。過去から成り立つ何か、具体的に思い出す出来事や体験、それがやがて抽象的な信頼という概念に変わるようです。

実は、この信頼という概念をある方程式で解いた名著があります。『プロフェッショナル・アドバイザー』はコンサルタントをはじめ多くのプロフェッショナルの支持を獲得。その理由は使いやすさと説得性にあります。[*7] それによると、信頼（Trust）を因数分解すると、次のような方程式になります。

信頼＝信憑性＋確実性＋親密性／自己主張

信憑性（Credibility）とは：学歴、経歴、実績、他者評価、勲章、昇進、など、外部的に認識されている要因。本人が言わなくても伝わる部分です。

確実性（Reliability）とは：主に仕事を実行していく中で見えた部分。フィードバック内では、観察力、ファクトの整理、コミュニケーション方法などがあります。

親密性（Intimacy）とは：思いやり、距離感、ユーモア、感情知性に該当し、それが豊かな人ほどこの親密性が高い傾向にあります。

自己主張（Self-Orientation）とは：自分のアジェンダ、自己中心的な振る舞い。相手にとっての利点は不明確です。

この信頼の方程式では、分子である最初の3つ（信憑性、確実性、親密性）の値が大きければ信頼が厚く、また分母の自己主張の値が大きければ大きいほど信頼度が下がるという意味合いになります。あくまでも実数値というより、抽象的に考えた場合ですが、イメージは湧きやすいと思います。

フィードバックを行う上での信頼というのは、「相手が自分のことを受け入れ」「言っていることに納得し」「ネクストアクションへつなげ」「変革を起こす」、というふうに成果に直結する重要なポイントです。

無論、大前提として働く上で尊敬されていない場合は、この方程式における1番目、信憑性（Credibility）で疑いの念をかけられてしまうので、既にフィードバックを受け入れてもらえないリスクがあります。

しかし、この部分は本人の努力では即座には如何ともし難いですし、たとえそうであっても、先に述べたファクトを伝える観察力は、あなたの信憑性を高めます。「自分は客観的にあなたの行為や行動を見て、それを詳述しているだけ、あとの判断はゆだねる」というようなアプローチです。同時に自己主張を下げる効果を発揮します。

足し算と割り算なので、簡単な算数ですよね。信頼の値が大きければ大きいほど「良い」という単純な結果になります。**アクティブリスニングというのは、この信頼性を上げ、自己主張を下げることで、フィードバックで非常に有効に働くステップになる**のです。

2 どの程度相手の話を聞いているか？

あなたが相手の話を聞いているときに必ず行っているステップがあります。それが、

1. まず、相手の話の理解
2. 理解した箇所の精査や評価
3. それに対する自分の考えやレスポンスの整理

4．実際の発言

単純に書き出すとこうなりますが、現実には1つ目である「話の理解」の前段階が非常に重要になってきます。その「聞いている状態」としては、

・話を聞いていない（聞こうとしていない）
・聞いてはいるが、上の空。別のことが気になって考えている余裕がない
・聞いてはいるが、自分が次に言いたいことを考えている。タイミングを見計らっている
・聞いてはいるが、自分には理解できない（正直、内容が複雑すぎる場合）
・100％聞いている

通常、フィードバックをしている際、どの状態にいることが多いでしょう？ 私が参加したあるコミュニケーションのワークショップでも「リスニング」しているときの状態をグループで考え、それを書き出してみました。すると、部屋にいたほとんどの人が自分のリスニング力がまだまだであるということを痛烈に認識させられました。

3 相手の考えを引き出して確認する

なお、アクティブリスニングにおいて欠かせないことが一つあります。「自分の理解が正しいかどうかをしっかり相手に確認する」ことです。確認することによって、相手の世界と自分の世界の整合性をつけます。

フィードバックを行うとき、一番厄介になるのが、お互いに持つ思いや解釈のズレです。よく、ありがちなのが、「そういう意味合いで言ったのではない」的な議論が後になって行われることです。

「Aさんはこれができていない」

ではなく、

「できていないと思うが、どう思う？」
「例えば、提出が遅れたとき、何が起こったんだろう？」
「そのとき、何を考えていたのかな？」

と相手へ考えさせるタスクを渡す。そこで現状の振り返りを行ってもらい、お互いにとっての理解を盛り込むようにします。

行き違いを避けるためには、当たり前と思える事柄でも、それについて聞き返すことに尽きます。そして最後に必ず、相手のポジションを要約する・してあげることです。

4 何を聞くかよりどう聞くか

フィードバックを行う上で聞く姿勢というのは大切です。アナリストのときのトレーニングでこんなことを学びました。Non-Verbal Cue is more important than Verbal Cue.（非言語的コミュニケーションや手がかりは言語よりも重要である）。

このヒントはそれから幾度となく私を助けてくれました。精度を上げる近道としてこの非言語的コミュニケーションから醸成される部分があると覚えておくと便利です。**コンテンツばかりに目が行きがちですが、その効果は割と薄かったりします。**では、聞くフィードバックにおいて何が大切なのでしょうか。

▼ 相手の話をしっかりと聞く（Listen intensely）

しっかりと聞くとは相手のことを深く思いやり、上司、同僚、部下として見るだけでなく、「人として」見ることを怠らない。

▼聞くときに一旦すべてを聞き取る（Listen to the whole picture）

間髪入れずにアドバイスや論議の相違点など述べてしまうと結局相手は聞いてもらった気になりません。

▼相手の立場にたって聞いてみる（Stand in his or her shoes）

もし、私が彼・彼女だったら、と自分自身で想像してみる。自分はそんな変なことをしない、ミスを起こさなかった、馬鹿ではない、は禁物。

▼判断せずに聞く（Don't Judge）

フィードバックの対話をしているとき、相手のガードが堅いのは当然です。そこで審判役を全面に出しては逆効果になります。１８０度異なる意見でも判断をせずに聞く。難度が極めて高いので、情緒的成熟度が求められます。

▼ 相手と同じ姿勢を取る（Emulate posture）

相手が前のめりになったら、自分も体重を移動して、相手が腕を頭の後ろに組んでリラックスしたら自分も席の奥深くに座るなど工夫します。逆に相手が腕を組み始めたら、それは構えているサインかもしれないので、相手の緊張をほぐす仕草をしてみるのも一手でしょう。

アクティブリスニングは信頼構築の礎となります。それはオーガニックにコミュニケーションを取りながら相手と関係を築くための有益な手法です。前もって「お互いの評価」として決まっている関係性に対し、一種の反対の力を働かせてくれたりもします。ここを丁寧にやるとやらないでは雲泥の差が生まれるのです。

Step 3 ▼ エモーショナルインパクト

自分の感情を伝える

事実に対して、「気持ち」を入れ込むというと、何かこれまでの流れに相反しているかに思えますよね。しかし、フィードバックにおいて感情を持ち込むことは説得材料として非常に効果的なのです。

通常は、仕事に感情は持ち込むべきではない。感じたことを話すのは社会人としてまだまだ「プロフェッショナリズムに欠ける」と思いがちです。全然ロジカルじゃないし、仕事の妨げになる。ここまで観察力、ファクトベース、客観性について語ってきたので、意外だと思う人もいるでしょう。

しかし、フィードバック第3のステップは、相手に自分が与えられた感情を言い渡すことに焦点を当てます。最近の例でお話しします。

自分が感じたことを一人称で

最近ある方にフィードバックをしたときに、こう伝えました。「クライアントの打ち合わせのときも、社内で問題解決会議をしているときも、あなたの発言はいつも回りくどく長い」と。このときもそうだし、あのときもそうだし、と場面もしっかり、文脈もしっかり押さえた上で言いました。既に2~3回同じ現象を体験して、伝えたのはあるクライアントの打ち合わせ直後です。一番インパクトが大きいタイミングで行いました。

まず、その方は弁明や言い訳を口にしました。聞き流すのではなく、しっかり要所をつかみ、聞きます。ときには聞いているよと伝えるために弁明に対して深掘りもしました。

その後、私はすかさず、**「実は、それをやられて私は嫌な気持ちになりました、あれは少しイラッとしてしまいます」**と言いました。相手はまず、唖然とするのですが、すぐに集中が戻ってきて、そうなんですか、他にありますか、と。

そして、この場合はもう一点、「クライアントはイラッとすると思います」「クライアントの顔を見たら、むすっとしていた」などの観察も入れました。その後は彼に腹落ちした感があったので、次のステップであるアクションへと移りました。

実は、気づかずにほとんどの人は、フィードバックを受けたら、たまらず何と言うかご存知でしょうか？「いつもですか？」「最近ですか？」「いつからですか？」、その指摘内容の頻度や回数について尋ねます。肯定する場合は、「よく言われます」「2年ぐらい前に同じことを言われました」などです。そこから「なぜ」その行動や行為に至ったかを説明する人が多いです。もちろん、黙る人もいます。フィードバックに慣れている人はあまり弁明をしません。ただフィードバックをした人からの次の言葉を快く待ちます（ここは非常に優秀かつ順応性が高い人に見られる傾向です）。

サラッと躊躇なく伝える

一通り相手からの説明が終わったら、アクションはこれ！と言う前に、その行為や行動について自分はどう感じたかを積極的かつ正直に伝えることが鍵です。

例えば、「実は、それをやられると私は不愉快です」「しゃべるのも面倒くさくなります」「むかつきます」「吐きそうになります」「怖いです」「残念な気持ちになります」「驚きました」といった類のことを伝えます。率直に言うのがベストです。回りくどいと相手に真意が伝わらず、逆効果になります。

大抵の人は第一反応として、「え？」というようなビックリした表情を浮かべます。しかし、もしフィードバックループのステップ1と2を上手に遂行していたならば、**「まあ、しょうがないな」**というような感じになります。典型的な答えは「へぇ～そうなんですか」という不思議がる受け答えで少し構えるというものですが、それは人間の防衛本能なので無視していいと思います。自分のことが可愛いから当たり前であり、不愉快な感じを相手に与えて「ああ、よかった」と思う人は、サイコパスでもない限り多分いません。

あなたがクライアントに送った誤送信メールで私は驚いた、怖かった、心臓がどきどきしたと普通は言いませんが、実のところ上司であればそれが本心です。

「やばい、あんなミスをして」。そこをただ、注意するだけではインパクトが薄れてしまいます。でも、もし、感情を伝えていれば、相手はさらに「まずかったな」と思うはずです。その域まで達するのが、フィードバックを与える側としての役目であり、大事な要素なのだと思います。

なぜ感情を伝えるのが有効なのか

自分が感じたことについて、あなたが感じたことは理不尽だ！なんていう人はまず、いません。感じることはまさに個人の自由だからです、なんて言ったら笑われそうですが、事実です。感情を伝えることの利点を挙げていきます。

1 率直に伝わる

フィードバックをする側も一人の人間であることが伝わるからです。「相手も自分と実は同じ？」はとてもパワフルなメッセージなのです。ある意味、上司であっても、まずは人間で、フェアなやりとりをしているのだ、というシグナルを送ることが肝心です。

あるときこんな感情フィードバックをしました。衛生面なのですが、若い後輩に、「体臭・口臭がひどいから打ち合わせのとき非常にやりづらく、集中できなく、クライアントに出すのが怖い」と結構ひどいことを言いました。10年働いていて、この手のケースは初めてだったので、言うか言わないか非常に迷いました。もしかしたら、習慣とかではなく、もともとの体質だったらどうしよう、と。

でも失礼を承知で、ギャンブルした結果、後で大変感謝されました。もちろんそこでもアクティブリスニングをした際に、仕事が非常に忙しくシャワーを浴びる暇もあまりない、と言われ、びっくりし、他のプロジェクトの責任者と事の重大さについて話しました。そういった、別の収穫も生まれ、やはり率直に感情を言うのは大切だと学びました。

2 摩擦を和らげる

日々仕事をしていて嫌いな人やあまり合わない人もいます。そのときにただ、「あなたと仕事をしているとムカつきます」というようなボクシングのストレートを食らわせても何の得にもなりません。角が立ちすぎて、喧嘩を売っているのか、もしくは、仲間割れか、などに見られます。相手も「いったい自分の何にムカついているの?」と反論したくなるでしょう。

生理的に受けつけない、なんてこともありますが、仕事では割と具体的に嫌いになった理由というのが特定しやすいでしょう。そもそも仕事上で相手との関係をプライベートのように扱ったり、そんな期待を持っている人は少ないからだと思います。

そこで、フィードバックをする都度、ファクトとセットで小出しに感情を伝えることで、嫌な部分がいくつかのピースに分かれ、関係の摩擦が和らぐ効果へとつながる場合もあります。例えば、チームにいるYさんの、

1．依頼への返信が遅い
2．頼みごとをするときにいちいち細かく説得しないとアクションを起こさない
3．受け答えがはっきりしない

といったファクトをまとめて伝えようとすると、多分全体的にYさんに対し「苛立ちと嫌悪」を抱いていると認識されるだけかもしれません。

しかし、1のときはどちらかと言うと、不安で心配。2は面倒くささを感じた、3ではイラっとしてしまう、に分解されます。**細かく感情を伝えることで抽象度が和らぎ、相手についての複雑な気持ちに対する理解や整理が可能になります。**

仕事の場合、相手とは今後も接点を持ち続ける場合が多いので、溜め込まない上で、フィードバックを通じて感情を伝えるというのは活用するべきです。

3 インパクトを高める

仕事は真剣な場所です。そんな環境にいると、人は「考え、実行する」というような機械的な思考に陥りがちになります。しかし、「考え、**感じ、**実行」することを忘れてはなりません。ロジックをがちがちに固めても我々はロボットではないので、期待通りに動いてくれるとは限らないのです。

感覚的なものですが、ファクトやロジックというのが積み上がった状態（相手が良い意味でぐうの音も出ない状況まで落とせている）のインパクトは良くて80％くらいまでしか達しないと思っています。さらなる効果を期待したいのではあれば、感情を移行する。それが残り20％の溝を埋めるものではないでしょうか。

フィードバックにおいても、そこまでして、やっと「アクションアドバイス」へシフトが可能になると思います。逆にそこまでして相手に伝わらなければ、もはや悔いはないでしょう。

4 相手の本音がわかる

仕事をしていると、プロフェッショナルな世界なので、相手の本音の判断はしにくいです。でも、感情を伝え、相手の反応を見ることによって、それははっきりとわかります。例えば、その人はわざと何かをやらかしたのか、悪意を持って自分を腹立たせようとしてその行動を取ったのか、それとも単純に行動や行為が至らなかっただけなのか。

実は、仕事ができる人ほど、できない人に対して懐疑的になりがちで、悪意にとる傾向が見られます。そんなときも、フィードバックの達人は、上手に感情を入れてこんなふうに伝えるのです。「おかしいなぁ、なんで約束した通りのカテゴリーで備忘録が取れていないのだろう」。

すると、ただ忘れたか、わからなかった、それとも自分のやりたいようにやったと3パターンの反応がはっきり出ます。表情を見れば検討がつくものです。次の機会にぜひ、実行して観察してみてください。

最後に一つ、大事なことをお伝えしておきます。**感情を伝える＝感情を露わにする、ことではありません。**怒鳴ったりすることではないのです。淡々と平然と感情のことを話します。コツはこう感じたということをサラッと言ってしまえることです。

初めはその不慣れな形に戸惑うでしょう。私もずいぶん下手でしたが、左のような定型文などを用いて練習しました。フィードバックのトレーニング中に学んだ、「〇〇の行動、

▼ メッセージを冷静に伝えるために

定型文（日本語）	定型文（英語）
私は○○（行動）を観察した	"I observed that you behaved... (fact 1)（fact 2)"
その○○（行動）は私を○○の気持ちにさせた	"This gave me（a certain type of feeling)"
もし私があなただったら、○○のようにするであろう	"If I were you, I would..."
結論、明日からは○○のような新たな行動をとろう	"Therefore, from tomorrow we can（take a certain action)"

行為は私に◯◯の感情を抱かせた」などの形式を用いて伝えます。

幸いにも、私がいた環境ではフィードバックカルチャーが進んでいたので、割と受け入れられやすい体制だったのかもしれません。

ただ、もちろん、言葉選びは慎重に行いました。私が逆の立場であっても理解できるな、といったようなシミュレーションなども織り交ぜ、自分のスタイルを作っていきました。

sidebar

アイスバーグ理論

感情が突き動かす行動

我々の日々の仕事や生活で、自身の行動、言動、振る舞いといったものは実は自己表現のごく一部であって、氷山の一角です。フィードバックで感情が鍵になる理由は、それもまた表面上に見えている部分を支える重要な要素だからです。

例えば、あなたが今日会議で発した言葉、言わなかったこと、ムッとした事柄は、ご自身が持ち合わせている複数の要素が重なり合って複合的に出来上がっていると考えてよいでしょう。

当たり前のようですが、人はすべてを周囲にさらけ出しているわけではありません。それどころか、自分ですらよくわかっていない欲求や願望、信念などが基礎になって、その

▼ 人間心理の断層説明

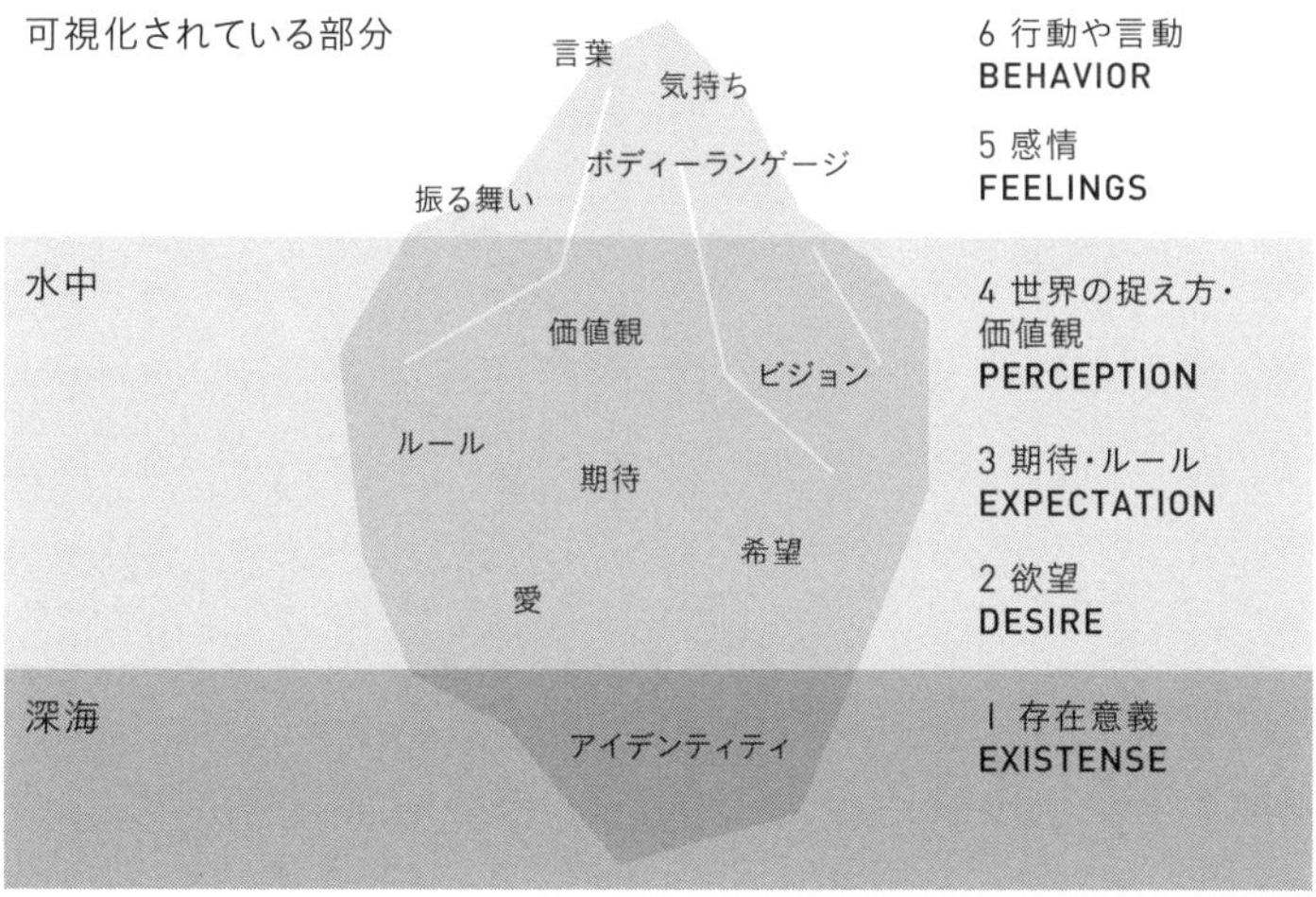

人が作られていると言ってもいいのです。

アドバイスをしても、耳を貸そうとしない、思いのほか過剰な反応をするなどの場合、原因はその人の心理断層のさらに奥深くに眠っている可能性もあります。

一般的にはアイスバーグ理論[＊8]（考え）と呼ばれるものですが、フィードバックを行う上で、頭の片隅に入れておくことをお勧めします。

上の図を順に説明していくと、

1．実は、人はまず**自分の存在意義**から世界について考えます。生と死であったり、自己が地球上に存在している理由であったり、様々な生誕論・進化論なども含みます。もちろんこんなディープなことを毎日考えているわけではないですが、根源としてそこが揺るぎない土台となっています。例えば、私の場合は「人はこの広い宇宙の永久に近い時の流れの中で根本的にはちっぽけだ」「ちりのようだ」と考えています。「蟻も人間も変わらない」「大統領もホームレスも同じだ」と。そんな生物の意義を信じています。

2．次に、それをベースに生きていく上で核となる**欲望、渇望**が形成されています。そこには執着、愛、希望、自由といった根源的な定義が出来上がっていきます。あなたにとっての愛とは？　希望とは？　自由とは？といった定義はご自身の存在意義に関連し、紐づいているのです。

3．下から数えて3層目には、その定義づけに対して今度は**自己への期待や他人への**（一方的）**期待**が出来上がっていきます。簡単に言ってしまうとルールです。「何事もやればできる」「人は機会について平等であるべき」など、人生を生きる上で重要、大切だと思う、生き方のルールというのが構成されます。

4．しかし、それだけでは独自の世界にはまってしまい、他者との共存ができないので、ここで現実の世界とあなたが見ている**世界の捉え方**（認識）に関してのキャリブレーション（目線合わせ）が行われます。この照らし合わせであなたはその時代や状況に極力合わせた**価値観**や考え方にフィットしていきます。余談ですが、もしかすると、会社などがなぜバリューや価値観を尊重するかは、割と深い部分に位置するこのレベルであなたと意識合わせをしたいからかもしれません。

5．そのベースの上に我々は様々な**感情**を抱きます。これはコントロールしているようで、あまりできていないものです。この感情自体には良いも悪いもなく、現実世界への自分独自の反応を意味します。例えば、自身がもし正義感が強い人で、不正や不平等などに対し苛立ちを感じるのは、その下にある、認知、期待、欲望、生命としての意義などからきているものなのです。

6．最終的に可視化される部分として、表面上に浮かび上がるのが、**行動や言動、振る舞い**になります。

行動を促す

Step 4 ▼ アクションアドバイス

相手に感情が腹落ちしたら、次に感情のことは一旦忘れてください。言い渡した後は、キレイさっぱりとこの第4ステップに進みます。ここでは感情的に流されたアドバイス、意見をしてはいけないですし、論点はこれからできる「アクション」へシフトさせます。

少し余談ですが、実は優れた経営者とそうでない人の違いは、色々な感情を引きずらないところにあります。感情的にならないのではなく、感情を瞬時に封じ込める、アウトとインの速さに長けているのです。フィードバックもサラッと感情を伝えた後は、もう引きずってはいけません。

そして、いざアドバイスをするときには、要点がいくつかあります。順に見ていきましょう。

1 すぐに改善できるものから言う ——

先ほどの例に戻ります。話が長い人は何から改善できるのでしょう。「短く」と言ってすぐ実行するのは難しいと思います。ただファクトベースなので、**何が話を長くしているか**は容易に特定できます。そこをまずクイックに話します、もしくは、指摘をします。例えば、私がこんな問いかけをします。

「では先ほどのミーティングで学んだことを30秒でまとめると、何と社長に伝えるとよいですか?」
「今の状況を1行でまとめると何になりますか?」
「わかる範囲でいいので、現在のこの課題に対する解を簡潔なストーリーやロジックで組み立ててください」

これらに対する回答の一例として彼から返ってくるのはこんな感じです。

「そうですね、現在の限られた情報から推察すると、もちろん3〜4日ですべてを理解しているとは思えませんが、私の頭でわかる範囲で申し上げると、そして前提として○○さんの思考パターンに合わせると、〜になります」

まず、この方の説明が長いというのは、①「前提」や「前置き」や「憶測」などが文面に多く含まれるところにあります。あとは②ズバッと言えない理由として、「間違える怖さ」「否定されることに対する弱さ」などがありました。そして③詳細に入ると、そこから抜け出せない傾向、④ポジションを取らないがゆえにポイントがズレてしまうこと、⑤さらに直接的に質問に答えないことなどが挙げられます。

この5つの中で、やはり、イラッとするのは①の前置き説明でした。ここはすぐに改善できるので、次のインタビューの機会から改善してもらいました。そして残りも一つひとつ紐解いていくのですが、**一気に全部の枝分かれの部分を伝えないのがミソです。**伝えると、優先順位がつけられず、効果が出ない場合があります。

2 期待値を言う、そして握る

何を言ったら、合格なのか。どんな行動を取ったらよいのか。改善点がどれくらいまでいけば解消にまで至るのか。それはフィードバックを与える人それぞれで違うでしょう。ですから、まず、期待値を握っていることがお互いにとって重要です。

「ここまでできればグッド。これ以上なら、さらにベター」みたいな感じで、マイルストーンを設定すると尚可だと思います。では具体的にどのようなことなのでしょうか。「聞き手にスッと気持ちよく入った、そんな心地よい気持ちになっていればベスト」と先ほどの方には伝えました。後は、「今の長さのざっくり半分、もしくは3分の1程度」と。あまりここの期待値を評価点（ＫＰＩ）のようにしないことが大事です。評価に目がいってしまうと、第1章の冒頭で述べたように、成長へシフトがされません。

ゴールはあくまで彼がさらに素晴らしいプロフェッショナルになることです。その道しるべになって期待値もアドバイスをしていくのがフィードバックの役割だと思います。

3 できたら即、褒めて、強化する

そして、フィードバックの第4ステップで肝心なのは、アドバイスが実行に移り、その「兆し」が現れたら、その都度褒めることです。それも比較的大げさにするとさらに効果的です。

先日もその方ができた際に、さらに上の上司が勢いよく、「そう、飲み込み早いですね。その調子だとすぐにでもできちゃう」みたいなことを瞬時に言っていました。その上司は、フィードバックの本質をわかってらっしゃるな、と感心しました。

成功体験は失敗体験よりわかりやすいのです。フィードバックをした場合、まず相手に失敗のイメージを植えつけているので、それを払拭する必要があります。**「前回できなかったけど、今回はできたね」**。そしてそのできた箇所を思い出させて、何回もプレイバックをし、確実にその弱い部分を補強していく。

この方の場合は、長話になってしまうそもそもの原因である、「間違う怖さ、否定されることに対する弱さ」などを根本的に変えられるところまで持っていくことがポイントになります。

4 できないときは原因を探る

しかし、現実はこの方の例のように一朝一夕にはいきません。繰り返し間違いがあり、それを改善する長期戦となることも少なくないのです。その場合は、その現象が起こっている原因を掘り下げないといけません。

これを根源原因分析と呼びます。問題解決の手法の一つになるのですが、フィードバックをする上でも欠かせません。フィードバックとはある人、ある行為や行動における問題を解決しようとしているのですから。紛れもなく、問題解決です。

根源的な分析の場合、5つのなぜ（WHY）という方法が用いられることが多いです。なぜ直らないのか？ではなくて、その行動が**「なぜ起こるのか？」**に注目します。

例えば、長い話し方について、根源は頭の整理の質にもありますが、この方の場合は、主に間違える恐怖でした。なぜ間違えることに恐怖があるのか、またなぜ弁護的になってしまうのか、どのような状況のときにそれに陥るのかなどを解くのです。根源がわかっていた我々は瞬時にアドバイスとして、「短くすること」と「リスクフリー」だよ、間違えてもフォローするからというスタンスを取りました。

以上のような要点を押さえておけば、一通り的を射たアクションアドバイスを行えるはずです。相手の行動がすぐには改善しない場合は、さらなる観察や問題解決が必要になりますが、ステップ3までが順調に進んでいるのであれば、遅かれ早かれ良い変化が見られるはずです。

明確に伝わらない、日本のフィードバック

言語の違い？ 文化の違い？

週末の早朝、私は某邦銀メガバンクのグローバルＨＲを手がける取締役の方とお会いしました。その方はフィードバックラーニングに非常に力を入れている方でした。そこで真っ先に話題に上がったのが、日本人はフィードバックを躊躇する、特に相手に率直に伝えない悪い癖があるというものでした。それは、婉曲的なのか、ただはっきりしないのか、と問い直したところ、どちらかと言うと、はっきり明確に伝えられない可能性が高いとのことでした。

仕事の性質上、英語と日本語を両方耳にする機会が多々あります。その場合、フィードバックを英語で行う際に、「英語圏は表現が直接的（Direct）」だからやりやすいという人もいます。日本語の場合は、遠回しに物事を伝える傾向があり、忌憚のない意見をお願い

しますと言っても、なかなかフィードバックがしづらいイメージがあります。

しかし、アドバイスをするときに覚えておきたい点は、フィードバックにおいて、直接的と遠回しのフィードバックというものは存在しないことです。**存在するのは、「わかりにくい」と「わかりやすい」の差だけだと思います。**

フィードバックループで明らかにしておきたいのは、フィードバックがこのアドバイスの最終ステージまで突入したときには、すでに相当わかりやすくなってなくてはいけないということです。ここまで、よく観察し、ファクトを揃え、相手の言い分を傾聴して感情へのインパクトも整理され、さて、アドバイスとなったときにわかりにくく伝えてしまったのでは、これは非常にもったいないのです。

わかりやすいメッセージとは？

昨今〝ダイバーシティ&インクルージョン（多様性と受容）〟というのが組織の中で熱いトピックとして取り上げられることが多いです。特に幹部候補の対象であったり、幹部会議の中を見渡したりする際、やはり日本の職場はまだまだ男尊女卑の傾向が根強かったりします。

もしあなたが会社の経営幹部でグローバルな社長に、

"Let's make a borderless company."

"Let's make a company without gender, cultural, racial, or religious difference."

と言われたらどのように思われますか。どちらのほうがわかりやすいでしょう？

わかりやすいという意味は腹落ちしやすいになるのですが、的確に言うと、**伝えているメッセージに別の解釈の余地を与えない**になります。フィードバックをする場合もこれと同じで、言葉選びが重要になります。仕事ができる人に共通なのですが、このような細かいところまで気をつけていることで、差がつくのでしょう。

同時に、フィードバックの希釈を防ぐことも大切です。フィードバックを行うときについつい多くを語ってしまう傾向があるというのが多くの人の実態です。人は相手に自分が悪く思われるのが嫌なせいか、フィードバックをする内容が酷ゆえの優しさからか、シンプルな点を誇張して話してしまいがちです。

アクションアドバイスは、具体的に、ではあっても、余計な言葉をつけ足す、のは禁物です。左の表を参考にしていただければ幸いです。

▼ 別の解釈の余地を与えないメッセージとは？

曖昧な言葉に頼らない

わかりにくいフィードバック	わかりやすいフィードバック
“Let’s make a borderless company.” （ボーダーレスな会社をつくりましょう）	“Let’s make a company without gender, cultural, racial, or religious difference.” （ジェンダーや、文化、人種、宗教で差異のない会社をつくりましょう）

多くを語りすぎない

わかりにくいフィードバック	わかりやすいフィードバック
「Sさんの普段の話し方はいいんだけど、どうもプレゼンになると少し緊張してか、話が長くなりすぎます」	「プレゼンでハキハキ、要点をついて話したほうがいい」
「Sさん、すみません、いつもお願いしているファイリングの仕方なのですが、もう少し、並べる法則を決めてもらったほうがわかりやすいかもしれません」	「A、B、C、もしくは01、02、03、とナンバリングをして変更してください」
「フィードバックをしているとき、Sさんが言うことのすべてがわからないというわけではないのですが、時々それはどうかなと思うことがあるんです」	「Sさん、フィードバックを受けるときは、弁明するのをやめてください」

フィードバックの匙加減を決める

相手のキャパを見極める3つの質問

フィードバックというのは与えるものです。相手はあなたからもらって喜ぶべきです。私はギフトだと思っています。でもそんなふうに言って、「その通りですね！」と賛同してくれる人は既にフィードバックの達人か自己成長意欲が非常に高い人、もしくは強い芯の持ち主に限ります。

あとの人は「フィードバックなんて私には必要ありません」が普通です。このためフィードバックを行う際に、匙加減を見極めることが大切になります。例えば、フィードバックが嫌いな人には必要最低限のレベルで留めるべきです。そうしないといらぬお節介になりかねません。

特に、私の経験ではネガティブなフィードバックの許容範囲が人によって全く違います。ポジティブに褒められることは好きでもネガティブな要素はなかなか受け入れられないという人も多くいるのです。そのために見極めておきたいポイントが、次の3つになります。

・まず、相手は欲しいのか？
・自分は知っているどの程度のことを相手に言ってあげればよいのか？
・また、その上限は何か？

必要最低限に留めるべきケースも

私は去年、このフィードバックをとても嫌う人と仕事をしました。フィードバックをするとそれを覆す例をたくさん揃えてきて、「自分は違うぞ」と主張し、挙句の果てには私のミスを正そうと努力します。

十中八九その方の早とちり、聞きそびれによるもので、気の毒に感じるときもありました。しかし、それでも横柄な態度と言葉遣いで突っかかってきます。このような人は、いったいどうしたらよいのでしょうか？しかも彼は役職上、私の部下に当たります。

悩んだ結果、フィードバックは必要最低限に留めました。相手が自分を尊敬、尊重、信じていない中で与えても、耳の右から左へと通り過ぎてしまいます。

待つこと4カ月くらいでしょうか。プロジェクトでクライアントを含め、他の方から高評価をいただき、彼の態度も徐々に良くなりましたが、最後まで大きくは変わりませんでした。

無論、仕事のプロセス、質、両方で課題点はありました。しかし私は結局クライアントとのコミュニケーションに関するトピックにフィードバックを留め（ここが肝心だったので）、それ以外は抑制しました。

間柄としては好転しましたし、文句なしの結果となったのですが、その方は自身の成長機会を逸し、その繰り返しで今に至るのだなと思い、少し残念でした。しかし、最初の調子でフィードバックを続けていたら、明らかに仕事に支障が出ていたでしょう。

相手の状況によっては、仕事を遂行する上で必要な最低限のフィードバックを含め、先述の3つのポイントを把握しておくと後悔せずに済むと思います。

一度に与えず、整理して渡す

▼ 相手とゴールを擦り合わせておく

ランク	2年目のアナリスト・アソシエイト	1年目のマネージャーレベル
最優秀	修正はなし。求めている以上の出来栄え。特に分析の付加価値が想像以上	左記に加え、あっと驚くような情報や分析や意味合いが散りばめられている
優秀	修正は微調整に限り、求められている結果がほぼ完璧に作成できており、クライアントに出せるクオリティである	資料全体がまとまっていて、1枚1枚の意味合いもわかりやすい
及第点	2〜3カ所の分析や整理の修正は必要だが、基本的なアウトプットの方向性やクオリティは問題なし	全体の流れや骨子は明確につかんでいて、1〜2カ所のエリアで修正や明確化が必要

フィードバックにおいて、実は本当に重要なのは**「見えてきているフィードバックの中のどの部分を今、どうやって、伝えるか」**という選定や判断になります。

経験豊富な人ほど相手のあらゆる成長機会である部分、そして強みを広げられる部分が見えます。しかし、それをいっぺんに「データダンプ」してしまっては相手に混乱が生じてしまいます。ですから、この判断と選定と戦略というのは「アート」になります。そのときに良い手法を一つお伝えします。

まず、仕事の結果における許容可能な「及第点」を設けます。そこを簡単に相手と業務を通じて擦り合わせ、説明していきます。

次に、相手に自分の期待値について語ります。及第点に対して、その上どこまでできれば「優秀」、さらにその上まで凌駕すれば「最優秀」というように決めます。

そこを合わせたところで、相手に**「あなたはどこに行きたい？　どのような仕事のアウトプットを出したいのですか？」**と逆に質問を投げかけてください。あえて、ここまでやれ！というのではないのです。

この3つのカテゴリー分けを前段でしておけば、あとはその目標に合わせたフィードバックを準備していけばいいでしょう。とはいえ、フィードバックは最終的にはアートなので、「あれ、なんかうまく刺さってないな」と思ったら、直感を使い、ストップするのも賢明な行為です。止めることもまたかえって、良い選択なのかもしれません。

なお、組織によっても異なりますが、日本の場合、現在の仕事のパフォーマンスのフィードバックよりも、その上の仕事のパフォーマンスについてのフィードバックをやる傾向があるように感じます。

しかし、フィードバックをする際は、それに対してはっきりとした線を設けることが重要です。今、「現在の仕事の期待感や要件について語っているのか」もしくは、「その上の仕事の期待感や要件について語っているのか」です。つまり、相手にとっての緊急性を一目瞭然にしておく必要があるのです。的確なサポートを適切なタイミングで、がフィードバックの醍醐味であり、常にあるべきスタンスなのです。

sidebar

人の成長3つのパターン

実るまでが難しい

フィードバックを与える側として、成果がすぐ現れないと不思議に思うこともあるでしょう。そこで、あくまでも参考程度にですが、相手の成長具合について、いくつかのパターンで考えること、その感覚を持ち合わせること、をお勧めしたいと思います。

まず1つ目のパターンが、**「ステップ・バイ・ステップ型」**です。フィードバックの量が蓄積され、それが日々の活動に取り込まれ、ミスを経験し、複数の類似したフィードバックにより改善しながら、新たなステージへと突入します。このパターンの人は通常の組織の昇格や役職が変わる仕組みと連動した形で、己も成長します。そして、またフラットの蓄積（蓄電）時期が訪れます。それでも着実に成長していく安定的なパターンで、一般企業などの優秀なジェネラリストに多いような気がします。

しかし、中には、フィードバックを即吸収してしまう、名づけて**「究極のリニア型」**という人も稀に存在します。フィードバックをするほうとしては、やっていて、順調に進化が見られるので、有意義な気持ちになれます。フィードバックの頻度も1回で、すぐに次の課題へと飛んでいきます。その昔、私のチームに入ってきたばかりの新米コンサルタントがまさにこのパターンで、どんなフィードバックも瞬時に吸収するどころか、積極的に多方面へともらいに行っていました。例えば、データベースを一から構築したいとき、彼は私のフィードバックではまだ足りず、直接その道のエキスパートに連絡して、より専門的な内容のフィードバックを受けていたのです。案の定、数年後彼に会ったときには、既にどの同期よりも役職や責任レベルが上がっていました。

3つ目のパターンが**「やり方しだいで成長型」**で、フィードバックをする側としてはリスクを取る必要があります。フィードバックに対して抵抗感や防御的な姿勢を見せる人にこのようなパターンが多いです。こちらが根気よく我慢したり、工夫したりした結果、徐々に仕事のコツをつかみ、自信が芽生え、急激に伸びる場合もあります。が、それ以外はフラットのままに終わります。このケースこそ、フィードバックについての深い知識

▼ 成長のパターンは人それぞれ

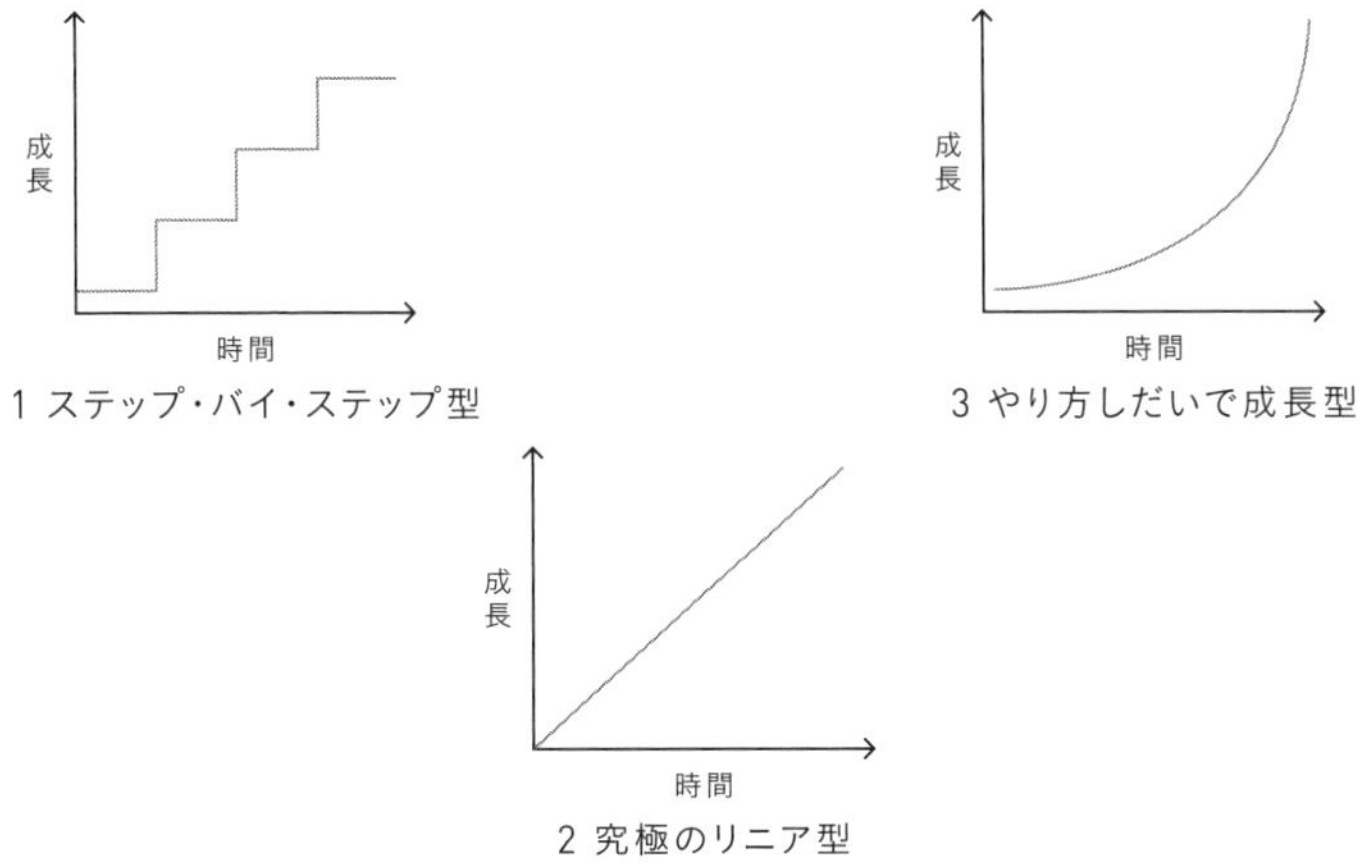

が役に立ちます。稀ではありますが、かつてはあんなだった人がこんな成功を収めたの？というときに現れる成長曲線ではないかと、個人的には思います。

以上を踏まえながら、自分が今フィードバックをしている相手がどのパターンか知っておくのも期待値を置く上でよいかもしれません。

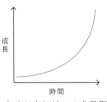

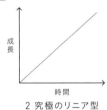

まとめ　フィードバックループ

ここまできて、一旦ステップバックします。

そもそもフィードバックループというのは何を成し遂げようとしているのでしょうか。

フィードバックを行うことで、する側は相手が変わってくれる、良くなってくれることを望んでいます。

フィードバックをする相手が変われると思っているから時間や気力を割くのです。というのも、人を変えようとする努力ほど、労を費やすものはないからです。

では、その限られたチャンスの中でどのようにフィードバックの質（やインパクト）を最適化すればよいのでしょう。

▼ 4つのステップで質の高いメッセージを作る

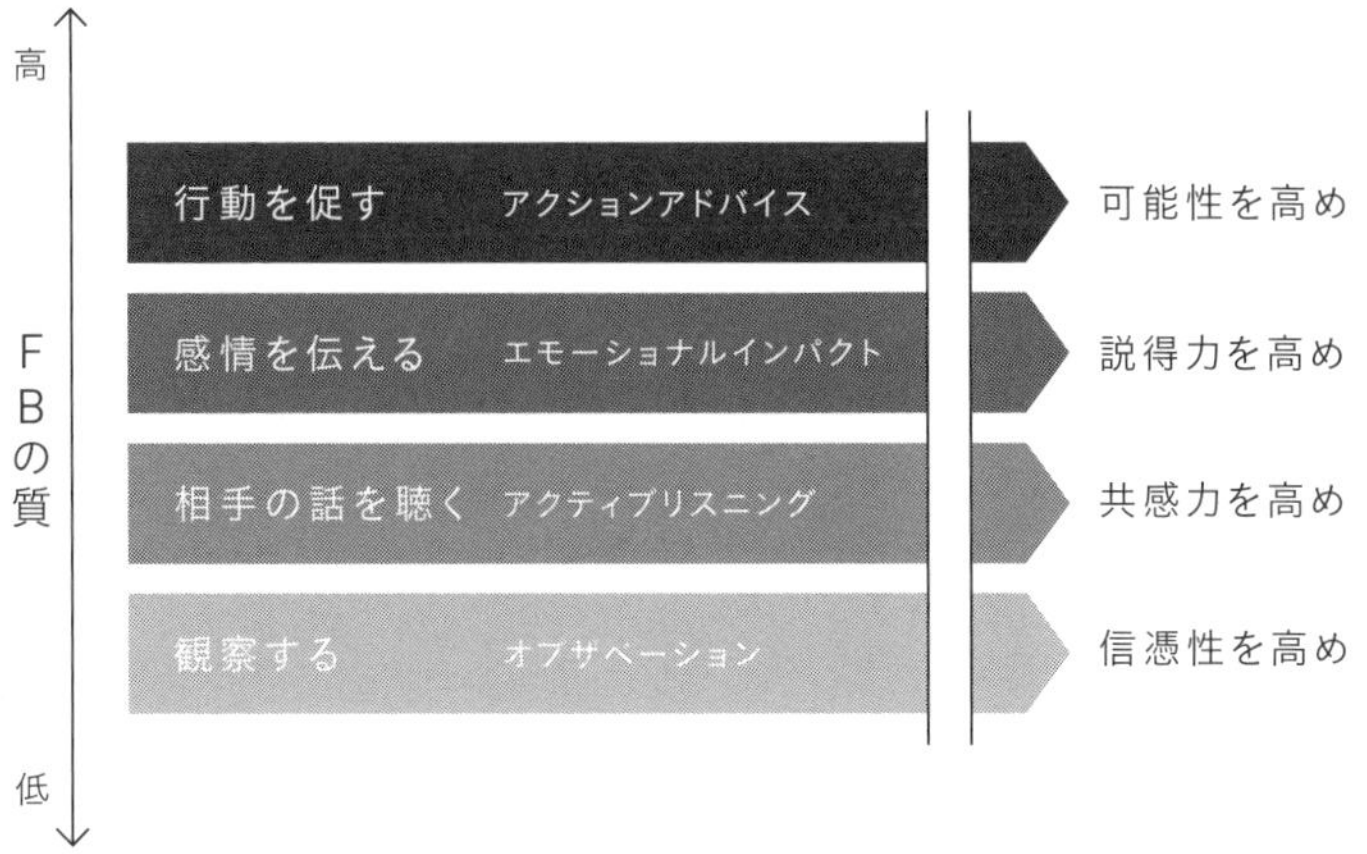

フィードバックとは相手に伝わるだけでは不十分です。**伝わった相手が行動を起こし、それが結果として現れること**が願いです。

フィードバックループの本質とはそのインパクトを可能な限り高める、その効果を含んでいます。

図にすると上のようになります。

第3章

質と量を増やす「チームラーニング」

桜木「おいオヤジ 逆転できるよな!!」「お!?」
安西「もちろんです。桜木君がこのチームにリバウンドとガッツを加えてくれた。宮城君がスピードと感性を。三井君はかつて混乱を。ほっほっ……のちに知性ととっておきの飛び道具を。流川君は爆発力と勝利への意志を」

――漫画『スラムダンク』対山王工業戦より

チームラーニングとは何か？

ある日、私がオフィスに行くと、その人はホワイトボードに「チームラーニング」と書きました。それもカレンダー上では2時間ほどブロックされています。プロジェクトの大事なときだというのに。当時のマネージャーはドイツ人で、会話も無駄がなく、随時メモパッドにＴＯＤＯリストを用意し、時間を惜しむ人でした。

あれ、なんか議題がふわふわしているな、と思いつつもチームルームに入り、着席。そして皆揃うと、マネージャーが立ち上がりすらすらと何かを書き始めました。私が初めて体験した「事前フィードバック」の始まりでした。

「事前フィードバック」で成長が加速

チームラーニングは**「その人がいかに仕事をエフェクティブに熟せるか、そのプロジェクトがいかに成功できるか」**に焦点を当てます。早い段階からお互いの改善点やプロジェ

▼ チームはさまざまなメンバーで構成されている

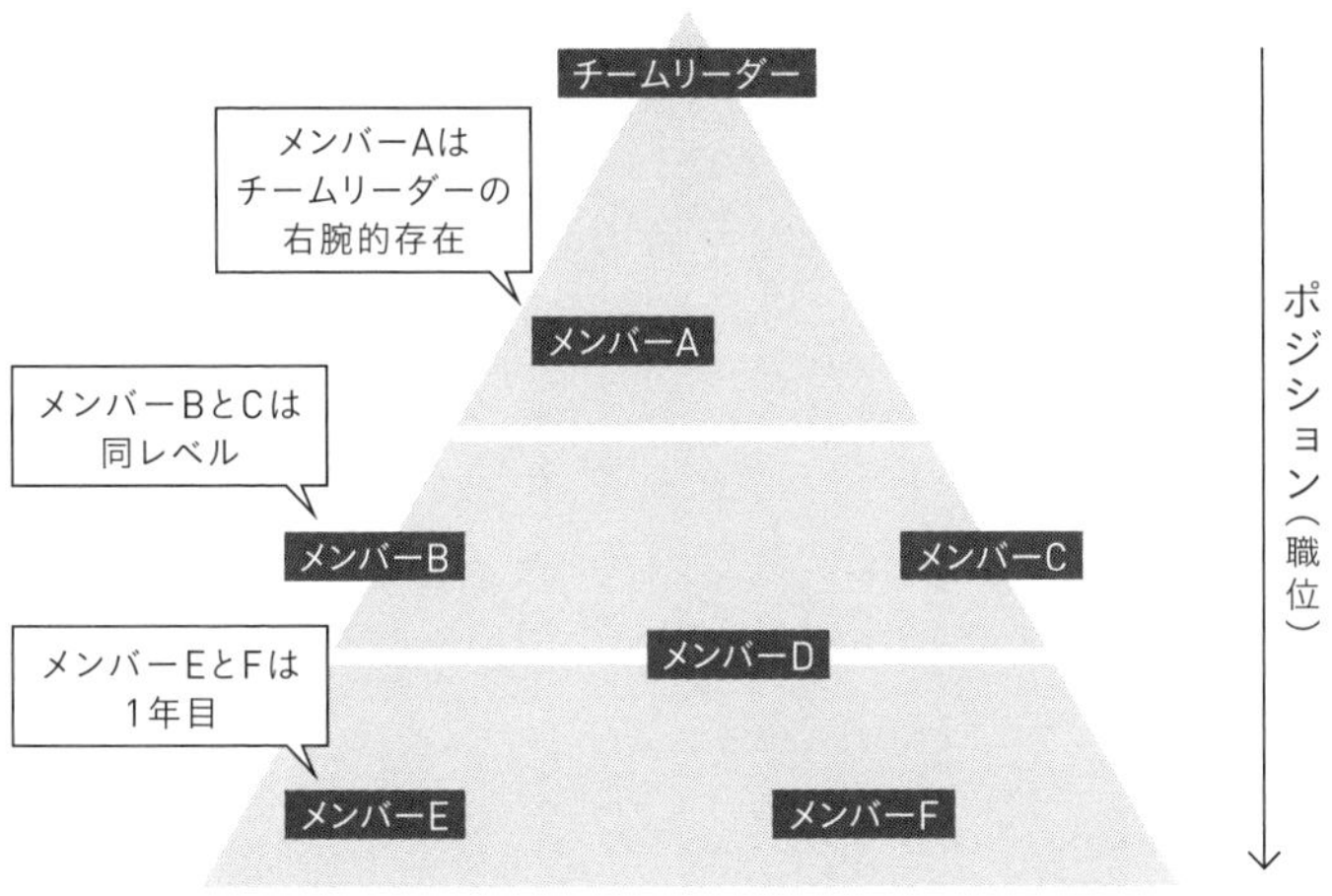

クトの方向性を擦り合わせていき、加速的成長へとつなげていきます。

なぜ、「事前フィードバック」かと思ったかもしれません。私も初めて行ったときは少し緊張したのですが、自分の弱みや気になっている点を事前に明らかにし、それに対しての現時点でわかっていること、兆しや、処方箋を周りからもらうためです。

自意識過剰な人ほどこのエクササイズは気に入らないと思います。自身の欠点を認めること、それが一番嫌ですから。

ただ、チームラーニングの目的は、お互いが相手の弱みにつけ込むことではありません。**逆にチームとして大局的にどう動けば優れた結果が出せるか、その示唆を与え合うものです。**

次に、お互いの関係をより密接、濃くするためにも役立ちます。サッカー、ラグビー、バスケなどでは、よくチームの一体感に焦点が当てられますが、会社でそんな気持ちにさせてくれる手法は少ないと思います。実はチームラーニングは、そういったチームビルディング（チームとしての意欲向上）にも一役買ってくれるのです。

最後に、この手法は数を重ねることによって、各自が何回も同じ箇所を指摘され、伸び悩んでいることを「再認識」できる格好の場となります。再認識を繰り返し、人は「自覚」をし、それができて初めて「急成長」を遂げます。

すなわち、チームラーニングの最大の利点は、**何に対してフィードバックをしていけば一番効率的か、リーダーもメンバーも全員が事前に共有し（過去を再認識）、現在においてそれを最大限活用し（皆で参加する）、そして未来へつなげる（この活動を繰り返す）ことです。**

要するに、実際のプロジェクト後のフィードバックのときには、既に50％以上は理解している状況を作ってしまうということです。するとさらに複雑で直りにくい部分についてディスカッションが可能になります。

チーム一丸となってフィードバック

▼フィードバックは様々な方向に向かう

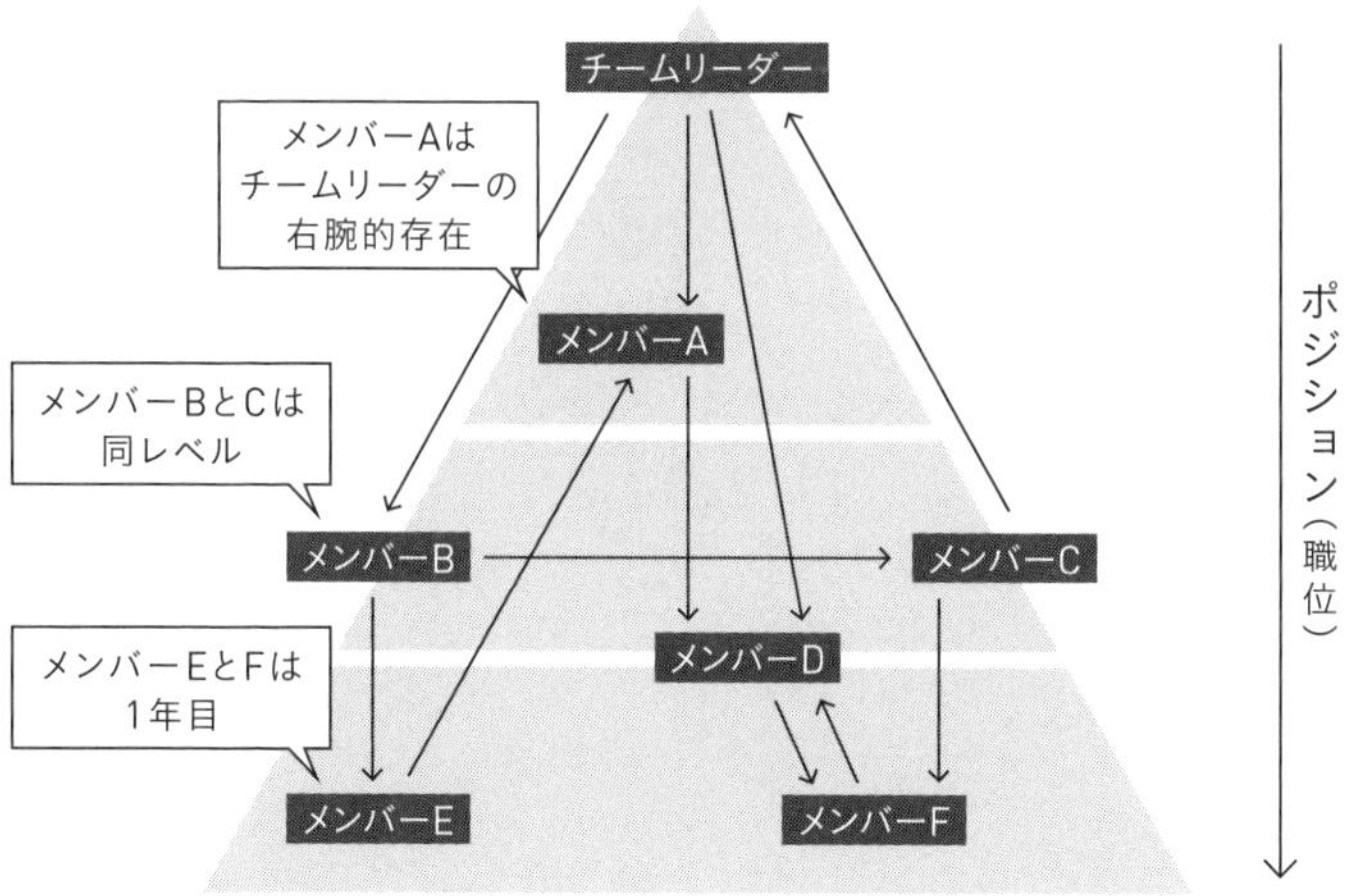

フィードバックとは通常一対一でやるものですが、チームラーニングとはチーム一丸となって行うものです。もちろん2人しかいないチームの場合もありますが、5〜6人でもやります。

一対一のフィードバックとの大きな違いは、その言葉通り、**チーム全員が全員に対して行うのでフィードバックの量も質も高まる**ことです。

メンバーは、上からだけでなく、横からも学べる優れた仕組みになっています。例えば、6人のメンバーとあなたの場合。丁度、図のように、チームは先輩や後輩、職位の違うメンバーで成り立っています。

このとき、チームラーニングで求められるのは、チームリーダー（あなた）だけではなく、みんなのフィードバックを活かせる仕組みを作ることです。チームラーニングを行うことで、フィードバックがあらゆる角度で交差していきます。

このように大量かつ多様なフィードバックでチームの全員が急速に成長できるのがチームラーニングです。交差の線は、通常はもっと存在しておかしくありません。図の便宜上、簡素化していますが、メンバーD、E、Fなどの若手には、リーダーからもたくさんのフィードバックが飛びます。

忙しいチームリーダーにはうってつけ

もちろん、忙しいリーダーにとって、チームラーニングは一石二鳥の手法です。仕組みさえ作ってしまえば、いちいちリーダーがすべてコミットしなくても、メンバー同士が自発的にフィードバックを行うようになります。例えばメンバーBとCやメンバーDとFなどがお互いに直接やりとりする中でラーニングを加速させることができます。

それだけではありません。あなたがそりが合わない部下がメンバーCだとしましょう。その人にメンバーBが積極的にフィードバックをすることもあるのです。それを横目で眺め、傾聴し、頷いていればよいだけかもしれないのです。

往々にしてチームラーニングをして気づかされるのは、**ある特定の人物に似たようなフィードバックが集中する**ということです。もちろんファクトや観察は異なることが多いですが、やはり人間の考えや気づく点というのは類似しているのかもしれません。

腹落ち感をフィードバックの種類と量でカバーすることによって、相手により的確かつ素早く伝わることが可能になります。

カジュアルな雰囲気でみんなの本音が聞ける

正直、あなたが苦手だったり、扱いづらかったりするメンバーの中にも、優秀な人は多くいます。自分はできるから早く認めてもらいたい、そしてさらに成長の機会を具体的に理解してほしい、もしくはなるべく早く提供してほしいと思っている人も少なくありません。

このため早い段階でチームラーニングを行うことで、その仕事に対するメンバーそれぞれの姿勢や評価を大まかにでも把握することをお勧めします。**チームラーニングは、非常にカジュアルな雰囲気で行うものなので、一対一の面談とは違って、誰もが本音を口にしやすいのです。**

生意気な部下がもし「こんな簡単なロールをよくも私に押しつけたくれたな」と感じていたら、それはチームラーニングを行う際に必ず浮上します。逆に、「こんな大変なワークロードを熟していけるかな」と不安が生じている場合も、直接的でなくとも遠回しに（仕事の量やスコープなどについて）言ってくるでしょう。それらを聞きながら、チームリーダーは次の成長へ向けて施策をメンバーと一緒になって考えていくのです。

もちろんメンバー同士の助け合いも活発になります。例えば、あるメンバーが「早口で話し、かつ簡潔に述べられない」ことを一つのデベロップメントニーズに掲げます。すると「私も同じ問題で悩んでいる」といったようなコメントが別のメンバーから出ます。

あとは、リーダーが毎回フィードバックを返さずとも、この2人には他のメンバーの監視（注意）がいきますし、お互いにフィードバックをし合うように取り決めたりすることも多いです。

それぞれに最適なラーニングがわかる

特に重要なのは、その決まったプロジェクトのスコープの中で可能な限り「理想的なラーニング」を実現することに皆が注意や耳を傾けてくれることです。

例えば、チームラーニングでは「自分は褒められたほうが伸びます。叱られたり注意されたりすると少し気落ちしてしまいます」など特性を思い切って、前もって言います。それによってリーダーはメンバーの扱い方、伸ばし方がよりよくわかります。

ただし一言お伝えしておくと、これを**リーダーとしてわがままを聞き入れる、甘さを出すというふうに勘違いしないでください。あくまでもメンバーの特性を理解し、逆にコミットメントや責任感を持たせるためという方向で実践します。**その限りにおいて、本人が学びたいように学べて、自主性が育ち、モチベーションが上がるラーニングの機会となるのです。

プロジェクトの中で明確な役割分担とオーナーシップを決めたりもします。そこでも自身の成長に適した変更や修正が可能になり、短期間で急成長（！）ということも可能になるわけです。例えば、財務分析を任されたことがない、あるいはそれを前回のプロジェクトで齧《かじ》ったがあまり深く関与できなかったメンバーがいたとしましょう。その場合、それを一つのチームラーニングのデベロップメントプランにし、簡単な部分だけ任せてみる、なんて配分も可能になったりします。

ほとんどの人の場合、過去の一度や二度のフィードバックで「はい、良くなりました」というふうにはいきません。チャンスを何回も作り出し、自分の伸ばすところを伸ばし、改善すべき点を改善するように積極的に取り組む必要があります。パフォーマンス重視の組織であれば、これらをパフォーマンスレビュー後にも自然に現場で組み込みたいものです。そういう意味でも、チームラーニングは画期的な手法だと思います。

その強みを促進する点と弱みを改善する点について、お互いが「関心」を持ち、リーダーだけの仕事ではなく、周りが一緒になって助け合う絵図が出来上がるのです。

チームラーニングのやり方

初日ではなく2週目の週末あたりがベスト

さて、ではチームラーニングの実際のやり方を見ていきたいと思います。まず、チームラーニングをやる上で重要なのがタイミングです。

当然ですが、チームや仕事が動き始めた直後は、相互理解が不十分ですし、仕事の範囲や複雑性も完全に把握しきれていません。逆に1カ月以上経ってしまうと、当初の気づきや新鮮味が抜けてしまっているので効果が薄れてしまいます。

大切なのは、お互いにフィードバックがたくさんできる、印象が鮮明かつ言葉にしやすいタイミングで行うことです。経験上、そんなベストなタイミングは2週目の金曜日、もしくは3週目の月曜日あたりになります。

イメージとしては、**相手のことも仕事もなんとなくつかめてきたが、結論に至るにはやや早すぎる段階で行う、**そうすると効果覿面《てきめん》です。つまり相手像を「つかめるようでつかめない」タイミングです。

初日の簡単な自己紹介などを行うキックオフとは別に、ぜひ、こうした機会を持つことをお勧めします。

4つのステップを回して事前フィードバック

チームラーニングには、邪魔なコールなどが入らない時間帯を選び、しっかり2〜3時間は取り、集中して行います。

そして、大まかに次の4つのステップを踏んで、実施するとよいでしょう。

▼ チームラーニングの4ステップ

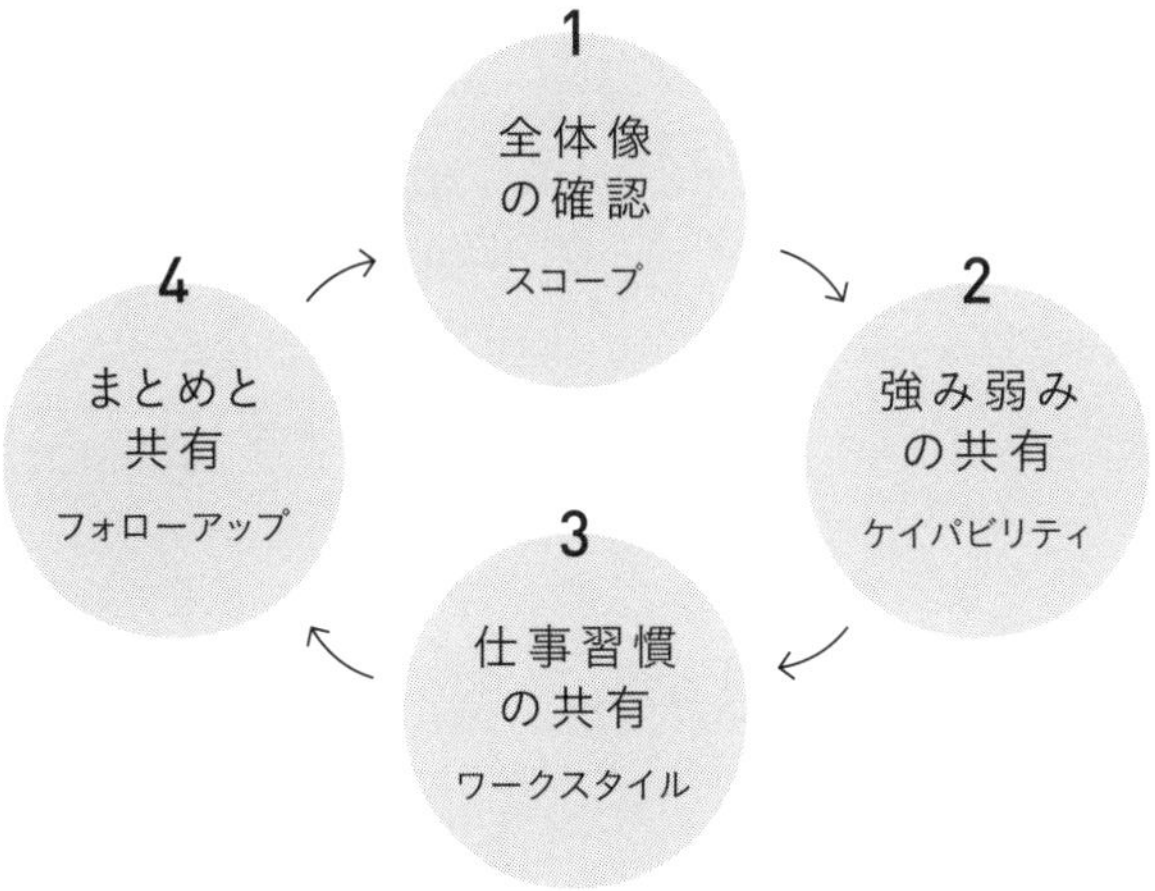

1. 仕事の全体像を確認する
（スコープの確認）

2. お互いの強み弱みを共有する
（ケイパビリティの共有）

3. お互いの仕事習慣を共有する
（ワークスタイルの共有）

4. 当日のまとめとその後の共有
（フォローアップ）

順に一つずつ見ていきましょう。

仕事の全体像を確認する

質を高めるためのステップバック

その昔、私は仕事のアウトプットを高めることとは即ち、前に突き進む、「とにかくこなす、やれる」ことだと考えていました。効率にフォーカスし、常に前のめりに目標に向けて何かアクションを起こしていること、そのアクションの最適化を図ること、それが仕事ができる象徴だと。

しかし、仕事のアウトプットを向上させるために必要不可欠なこと、「一旦立ち止まる」はさらに重要でした。コンサルティングではこのことをステップバックと言います。全体像を見る、そしてズームイン、ズームアウトをしながら効率性を高める、それを交互にやることこそが本当の意味での生産性の違いを生むことに後になって気づかされました。

チームラーニングの場というのは、そうしたときの仕事の擦り合わせ、考えや価値観を一致させる「唯一の場」であると考えています。普段、いざプロジェクトが始まってしまうと、ランニングモードなので、正式にゆっくりとした場でお互い語ることはないと思います。真面目に仕事をしているか、居酒屋でストレス解消のために飲んで（愚痴でもこぼしながら）いるか、どちらかだと思います。

ただ、その中間（ミッドポイント）となる接点が必要です。**今やっているプロジェクトの内容をお互いに理解し、共有し、意識を高め、それをリードする者は、チーム全体の目指す方向が一致しているかどうか確認することが非常に効果的**なのです。

チーム全員が同じ方向に向かって走っているのと、そうでないのとでは、アウトプットに天と地との差が出ます。そのときに必要なのが、まずスコープ（仕事の範囲）を決めることです。例えば、次のようなガイドラインです。

・我々は今、何の問題を解こうとしているのか（我々が向かうべきゴールは何か）
・それを行う上で、巻き込むべき人、資源、時間は無駄なく使われているか
・大きな障害や障壁となっているものはあるか（どう克服するとよいか）
・チームで成功する上での鍵となる成功要因は何か（KSF）

簡潔に言うと、何をやるべきで、何を放念するかをお互いの理解の下、腹落ちするまで

話すことです。そうすることによって、全員で共有した「包括的な羅針盤」ができれば、一人作業にのめり込んだときにもいちいち迷ったり、「私はなぜこんな作業（タスクレベル）をしているのだろう」と不安になったり、無駄な考えをしなくてよくなります。チームラーニングを上手に活用できたグループは確実にミスを減らし、予知予防も可能になります。

まずはリーダーがピースを揃えて下準備

実際行うとなると、まず大きなテーブルをチームで囲みます。そこで代表が立ち上がり、あらかじめ用意したプレゼン資料を映します。そこには、現在進行中のプロジェクト（仕事）の概要を書いておきます。フォーマットは人それぞれで構いませんが、だいたい次のような要素を組み込んでおくとよいでしょう。

1. 問題の定義
2. 背景
3. キーとなるステークホルダー
4. 成功の秘訣

▼ チームの課題と取り組む範囲を確認する

1 問題定義 ＞ 現状のクライアントのパフォーマンス割れに対する真因を探れ

2 背景
クライアントが半年ほど前から掲げている目標値に対し、実数値が割れこんでいる

3 キーとなるステークホルダー
経営陣

4 成功の秘訣
・表層課題ではなく、WHYを連呼し、真因を突き止める
・シンプルな原因、それも因果関係がはっきりしている

5 障壁や制約条件
・限られた情報源と期間の中で、仮説を早い段階で作らなければいけない
・業界知識は特に豊富とは言えない

6 持ち合わせている「知見」や「専門性」
真因を突き止めるにあたってのフレームワークが存在する

7 スコープ
・クライアントがM&Aを行ってからの期間に限る
・定性的な分析による
（定量的な情報は限定的だと推測）

5. 障壁や制約条件
6. 我々が持ち合わせている「知見」や「専門性」
7. スコープ（今回の目的の範囲）

これらの要素を全員で振り返ります。プロジェクトが始まってから2〜3週間目に行うのでほとんどのピースは揃っている状態です。この叩き台をベースにチームで議論していくのです。

ちなみに、これはリーダーが事前に準備すべきもので、メンバーと一緒に作成するものではありません。**リーダーは既に考えて宿題をこなしてきたということが、さらにチームのモチベーションや原動力へとつながる**ことを覚えておいてください。

チームを持つ者ほど、「あのリーダーはいつも指図するだけで自分は何もしてこない」といったようなことを深く理解し、自身がやるべき作業と価値の創出の仕方を熟知しておかなければなりません。

メンバーの気づきや知見、意欲を最大化する

ここではあくまで一例としてご紹介していますが、実はコンサルタントなら一度はこのようなテンプレートを見たことがあると思います。プロジェクトの内容を整理するために使用されるものなのですが、チームラーニングの場でも活用するのがベストだと思います。

頭の良い人は情報を吸い上げるのが上手です。しかし、それらを何かと関連づけてあげるとさらに記憶力が増すと言います。この手の図表で今自分が置かれている状況と自分がこれからどう能力を発揮していくのかをつなげてあげると、プロジェクトの貢献度が上がるばかりではなく、意欲もアップします。

そして、これが非常に重要な点なのですが、テンプレート形式をただ流すように話し合いを行ってはいけません。現場で起こっている、メンバーがそれぞれ理解した出来事を積極的に確認し、叩き台をより良い作品に仕上げていきます。

コンサル以外の場合ですと、例えば、今チームで目指しているマイルストーンを目がけて話すといいかもしれません。ある大口顧客を取り込みたいセールスチームだとしましょう。メンバーにはその顧客の情報を準備してもらいながら整理をします。問題定義のところは「目標・目的」と置き換えてもいいですし、知見や専門性は「競合に比べての差別化」などに変換してもOKです。

要は整理するために必要な項目を5〜7個用意して、議論を進めながら、目標として達成する意欲をそそるのです。そこでその問題特有の事柄も必ず発見できます。あらゆる現象は問題解決に通じます。つまらない問題を解こうとしているのか、ワクワクする問題を解こうとしているのかの差だけなのです。

その他、共有しておくべきこととして、クライアントや顧客の体制、マインドセット、仕組みなどがお勧めです。例えば、報告の仕方は相手によっても好むやり方が違います。電話で直接話して仕事をどんどん押し進めるクライアントもあれば、まずはメールで一コマ入れてから、ミーティングという習わしを好むクライアントもあります。

加えて、この段階でビジネスを遂行する上で困っていることも議論します。チームとして今の仕事で不具合を感じていることや腹落ちしないことを具体的に確認し合うのです。簡単に思い込みとリアルの整合性が取れ、次の日からの動き方が格段に良くなります。

お互いの強み弱みを共有する

ホワイトボードに書き出していく

全体像が固まった段階で次のステップに移ります。ここからがフィードバックの本題です。仕事の背景を理解した上で今度はお互いを深く理解する方向へハンドルを切ります。例えば、自身の強みや弱みを全メンバーで共有することで、それぞれがいかにチームに貢献できるかを確認します。併せて、事前に自分がフィードバックをしてほしい点を全員に伝えます。強みを語ることで、チームとしての役割分担が可能になることもあります。リーダーとしては個々の最適化を図る上でも非常に役立つ情報になります。

この活動はメンバーと一緒に行っていきます。つまり、全員がホワイトボードに向き合いながら、ないしプロジェクターでパワポを投影しながら話し合います。チームメンバーの名前、ロールを書き、その横に強みの欄と弱み（成長の機会）の欄を用意します。そしてこの仕事での期待などのスペースを作ります。丁度、次のような内容を書き込みます。

メンバーDさんの強みは、

・小売業界について詳しい、特にバイヤーとの仕事を以前やっていた
・細かいネゴシエーションを得意とする
・分析はお手の物
・すぐ行動を起こす（特に初めてや不安定な状況下において）

など次々に羅列していきます。これはメンバーDさんが自分で発言する部分と、チームが一緒になってポイントを発言してくれる部分、両方含まれます。

例えば、このすぐ後に、誰かが、メンバーDさんは「インタビューや聞いた情報を即座にシェアリングして全体の状況の理解に貢献してくれる」など具体的にアドオンをしたりします（ちなみに、通常はこのポイントも先述の4つに加えます）。

また同じメンバーDさんの弱み・成長すべき点は、

・小粒なディテールをまとめ、お客さんがわかるようにクリスプなメッセージで伝えられない
・時々、論点がズレてしまう
・相手へのリスニングスキルがまだまだ足りない

などです。また、ここでも誰かからサラッと、「チームで問題解決の議論をしているときに自分以外のセクションに関しての関心や質問がやや乏しい」などの追加発言があったりします。これも忘れずに追加ポイントとしてキャッチして、次のメンバーへ移ります。

いかにメンバーからフィードバックを引き出すか――

この場でのチームリーダーの役割は、ファシリテーターとして、参加メンバーに意見を求めることです。相手への批判を遠ざけながら、このメンバーについてインプットをください、と伝えて発言を促します。自分で一つか二つ、強みの意見を用意・発言し、他のメンバーには「何か感じますか？ 既に2～3週間経ったので何かありますよね」と時間の経過をうまく味方につけるとよいでしょう。

▼ 各自がホワイトボードに書き出していく

メンバー	強み弱み／成長ニーズ（下線）	
Aさん	強み：切羽詰まった、期日が近い仕事は、存分に力を発揮できる／××××××× ／×××……etc. 弱み：スモールチームはOKだが、20人以上の前でワークショップをリードする場合は困難	
Bさん	強み：飲み込みが早い、1回で覚える、記憶力も長けている／×××××××××……etc. 弱み：シニアな・幹部顧客になると緊張する／財務分析の経験が少ない	
Cさん	強み：分析が得意／×××××××××／××××××××××××／××××……etc. 弱み：相手の話を途中で遮る癖がある／わかったことを何度も言われるとカッとなってしまう	

この出だしの作業で一番重要な点をお伝えしておくと、基本、**まずリーダーである自分から先陣を切って話し始める**ことです。自分の強み、弱み、期待値を赤裸々に。それでメンバーのガードや不安感を和らげます。

これが「チームラーニング」なんだというコンセプトを植えつけるために、例えばリーダーとして、

「私はスコープマネジメントが得意です。でも、メンバーの仕事に関与しすぎて、タイムラインを徹底管理する傾向があります（これはネガティブ、弱み）。ですので、本件ではそのバランスを上手に取ることが自分への期待になります」

などと発言します。

同時にメンバーのために話し方のロジック

を形成することも可能になります。

なお、フィードバックの意見をもらうには、即興でフィーリングに近い言葉で周囲を巻き込むようにしてください。以前、ある大手アパレルメーカーの幹部の方に、「人は感じて、考えて、行動する」とお聞きしたことがあるのですが、まさにその通りだと思います。メンバーについてのフィードバックであれば、「最近だと、ミーティング後にフォローアップをすぐ入れて入手した情報は非常に有効だった、流石だね」など少し誇張ぎみに言うと、場が和みます（もちろんウソはつきません）。要は堅い雰囲気を極力回避するのです。

プロジェクトの役割分担や個々の対応を練る

こうして、お互いの強みや弱みについて議論し、あらためてチームのゴール（もしくはマイルストーン）の確認や役割分担を行ったところで、現況のクライアントや顧客先に対して、個々の対応の仕方を練ります。

このクライアントは、メールベースでのコミュニケーションを好まない。がつがつした形で取り込むのは抑えるのがベスト。強みが先ほどのメンバーDのように「すぐ行動を起こす（特に初めてや不安定な状況下において）」の場合、一歩、間をおいてからのほうが、もしくは「クライアントのZさん」を必ず通して、のようなアプローチが共有できます。今後のフィードバックに関しても相手の強みや弱みを理解し、それを常時クライアントのコンテキストに含めながら議論ができるようになります。

この状態で進めると、間違って墓穴を掘ることが少なくなると思います。そういった作用もチームラーニングでは期待できるのです。

メンバーそれぞれの成長ゴールを確認する

このようにプロジェクト(仕事)においての役割分担や貢献が明らかになったところで、最後にメンバーの成長ゴールについての期待値を明確にします。例えばメンバーDの場合、本プロジェクトで、

・半分の言葉数や時間で伝えるべきメッセージを伝えるようになります
・リスニングにフォーカスをして、1〜2週間ごとにチェックイン(近況の共有)をBさんとします
・この業界の知識が豊富な人から、今後はこの業界ついてのGo to Person(そのことなら彼に聞け!)になります

▼ 周囲がどう手伝っていくかも議論する

メンバー	強み弱み／成長ニーズ（下線）	チームにできること
Aさん	強み：切羽詰まった、期日が近い仕事は、存分に力を発揮できる／×××××××／×××……etc. 弱み：<u>スモールチームはOKだが、20人以上の前でワークショップをリードする場合は困難</u>	期日が近いタスクが降ってきた場合はAさんを巻き込むこと／来月のワークショップで前半担当。Bさんがサポート
Bさん	強み：飲み込みが早い、1回で覚える、記憶力も長けている／×××××××××……etc. 弱み：<u>シニアな・幹部顧客になると緊張する</u>／財務分析の経験が少ない	○○に関する調査やヒアリングはBさんに／顧客への月次報告はBさん担当。Aさんがサポート
Cさん	強み：分析が得意／×××××××××／×××××××××××／××××……etc. 弱み：<u>相手の話を途中で遮る癖がある</u>／わかったことを何度も言われるとカッとなってしまう	○○の分析はCさんにチェックをしてもらう／全員でデベロップメントを観察。このフェーズで半分以上を改善

など複数例を挙げて書き留めます。具体的であり、実行したことを確認できるようにしましょう。第1章で紹介した、SMARTというフレームワークを意識するのもいいと思います（SMART：Specific Measurable, Actionable, Relevant, Timely）。そして、その期待に応えるために周囲がどう手伝っていくかも議論します。

こうして、それぞれが自己の強みや弱みを先取りすることによって、プロジェクトの最高な状態を作っていくことができます。

仕事とは「自己の能力」「環境」「働く仲間」に左右されます。実は問題の難しさやトピックの複雑さは二の次なのです。お互いに補強し合える環境を整えることで、メンバー同士の理解が深まり、信頼関係が生まれます。

sidebar

お互いの特性を知る

私は人と働くとき、その人の特性を知ることが大好きです。特性と言っても性格の羅列や好きな食べ物、音楽、スポーツといった類ではありません。

例えばマッキンゼー時代は、MBTIという手法を用い、メンバー同士でクイックに確認し合っていました。知りたいのは自分とのコンパティビリティ（共鳴度）。チームラーニングで、特性の欄を設け、そこに各メンバーのタイプを書くことも以前は頻繁にやっていました。

こうした特性を診断するツールは様々ありますが、かなりの理解度やトレーニングが必要なものもあり、最近ではさらにシンプルに「傾向」を10分以内で測ってくれるものをメンバーに勧めています。

例えば、グレッチェン・ルービンの「4つの傾向」*9のようなスマートな診断テストもその一つです。4つのタイプから成り立つこの傾向は非常に役立ちます。チームだけではなく、夫婦間や家族でも面白い発見があり、関係構築には最高のツールだと思います。

お互いの仕事習慣を共有する

みんなの働きやすさを作るために

チームラーニングを行うのであれば、さらに一歩進んで、お互いの働きやすさについても整備することができます。では、どのようにして働きやすい環境を作ればいいのでしょうか？

昨今、話題が絶えない「働き方改革」のトピック。実は以前いたマッキンゼーでは、**「チームノーム」**という呼び名で、予めそのプロジェクトにおける個別の働き方を決める習わしが存在していました。働きやすさを高めるために、メンバーの事情に合わせて取り決めるルールで、これはどの業界でも広く応用が利くと思います。

先ほどのステップ2の強み弱みではどちらかと言うとケイパビリティ（仕事の能力）につ

いて深堀りしました。期待値もあくまでもその能力や技量を促進する上で何を自分に期待するかという角度です。ここでは、もっとざっくばらんに自分のワークスタイル（仕事習慣）について議論をします。例えば、簡単に言うと、次のような事柄です。

- TELを受けつける時間帯／メールをチェックする時間帯／原則として週末はメールチェックしないので、必要な場合はTELでなど
- 希望帰宅時間
- 家族事情、状況
- 向こう3カ月の早期退社、休み日程や見込み
- 調子の優れる時間―あるチームメンバーは朝早くからの仕事が得意、夜9時以降は稼働率が低下など
- チームルームでの無駄話や携帯いじり（チャットなど）についての決まり
- 誰かと話し合いながらの問題解決が得意、逆に静かに一人での問題解決が得意など

「え？　こんな細かいことまで議論してしまうの？」と驚く方もいらっしゃるかもしれませんが、**チームノームとはこのチームで動く場合に、チームにとっての新しい「ノーマ**

▼ みんなのワークスタイルを活かしてマネジメント

メンバー	働き方
Aさん	・最後までやりきりたい ・全体像をまず理解したい ・朝は子どもを保育園に送るので早朝のMTGはNG
Bさん	・調子が出る時間は早朝から11時まで ・急な仕事の場合、夜6時以降はメールより電話で
Cさん	・世間話は極力NG ・夜型で調子が出るのは夜7時〜深夜 ・ランチは取らない

リーダーの
チームマネジメント

・各自の勤務時間を尊重

・朝イチでCさんのチェック、午後イチにBさんのチェック、Aさんとは適宜連絡を取り合う

・チームMTGは15-17時。朝はCCでメール

……etc.

ル」を決めてしまうことです。

もしチーム4人とも朝型であったら、集中ミーティング時間を早朝7時30分に終えてしまいます。夜型と朝型がいた場合でも問題なしです。チームリーダーはアウトプットを交互に精査し、修正点を加えられることになり、仕事がより円滑に進みます。

さらに、ここまでのチームの議論を踏まえた上で、次のような大きなトピックをカバーしていくこともできます。

「このプロジェクトにおける……」

1．一番望ましい仕事の進め方は？

2．ホウレンソウのあり方は何か？

3．効果的なフィードバック―その人のスタ

イルに合わせた形は何か？
4．どのようにタイムラインとプロセスを管理すればよいか？
5．ライフスタイル・ワークライフバランスの目標とする／理想な姿は何か？

順に見ていきましょう。

1 一番望ましい仕事の進め方は？

ここでは、一人ひとりのさらなる特性や日々のプロジェクトの進め方について議論をします。暫し先ほど触れた通り、例えばある人は必ず、声を大にして、リアルタイムで誰かと議論をしないとスムーズに解決へ進まない。また、ある人は難題にぶつかると一人静寂の中で解を見出すので放っておく必要があったりします。

また、問題解決などでチームリーダーが各メンバーと議論（電話会議）を交わす際、メンバー全員がいる場合と一対一の場合のあり方を区別したりします。

他にも、「問題に関するプロセスの報告が3つ以上になった場合、個別にディスカッションをする」などというチームノームを作ったりします。

あるいはタスクを任せるときの一番わかりやすい方法を決めたりします。全体像をまず理解したい。部分的でよい。それか一旦はタスクを丸投げしてほしい。自分で考えたい。または、まだまだ理解不十分なので、作業のやり方まで踏み込んで議論をしてほしい、など相手と状態によって様々です。

ただし、形式通りの課題特定、イシューツリー作り、仮説構築や検証、優先順位づけ、ワークプラン、コミュニケーションなど個別の深堀りはこれに該当しません。

2 ホウレンソウのあり方は？

メール、チャット、電話、VC（ビデオカンファレンス）、F2F（対面）、コミュニケーションの選択肢は増える一方です。基本情報の共有をはじめ、徹底して守っている原則をこの場で擦り合わせます。

もちろん、F2Fより電話でのコミュニケーションなど、「特に金曜日の何時以降はメールチェックしないので、直接SMSを送ってください」、などと細かく指示する人もいます。

「プロジェクトが行き詰まることもあるので、そのために必ず一週間に一度はF2Fで会いましょう。その際に、アジェンダを前日に用意しておくこと」「報告書はクライアントに送る前に必ず一度自分を通してから送ってください」など。

中にはさらに細かく、「クライアントの打ち合わせには必ず15分前に到着し、機材もセットアップする、バックトゥバック（連続して）の打ち合わせは入れないで」など、コミュニケーション全般について、やり方や考え方は千差万別です。ここではチームのあり方はもちろん、クライアントの嗜好を共有するにも最適です。

先述のように、あるクライアントは特に我々が打ち合わせに5～10分前にしか現れないので、それを懸念視。別のクライアントでは当たり前の道理でも、このクライアントのカルチャーでは15～20分前に来るのが当たり前だったそうです。そういったことも2～3週間経つと表面化するので、一気にチーム内で確立してしまいます。

3 効果的なフィードバックとは？

▼その人のスタイルに合わせた形は何か

フィードバックだけに焦点を当て、いかにその人が活躍できるかを確認します。その個人個人に合わせたスタイルを確立してしまいます。

逐次必要、3つまとめて、一週間単位で、大きな報告会の後は必ず、ポジティブなことは後にしてまず改善点から、伝え方に工夫したやり方で、ファクトベースでありのままに、など、第1章・2章で述べた要素の部分的なところをここで確認できます。その人のスタイルによって成長も変わってきます。

つい先日、この質問をぶつけるのを怠ったことがありました。その方はどうもネガティブに包んだフィードバックを好まず、まず褒めることが大事でした。とは知らずに、私は土足でありのままのフィードバックを貫き、初めの1カ月は大変苦労しました。

後に、それを知って舵取りを反対にしてからスムーズになりましたが、余談はさておき、同時に次のような細かいレベルについて、フィードバックの規則などを決めておくとよいでしょう。ステップ2で共有した内容の再確認にもなります。

▼何にフォーカスしてほしいのか（コミュニケーション、問題解決の仕方、協働）

強みと弱み両方の中で、今回のプロジェクトでどの部分にフォーカスをしていくかを決めます。毎日忙しい中でたくさんのフィードバックをするものですが、受ける側はすべてフォーカスできないのが普通です。逆に、「二兎追うものは一兎も得ず」のように、たくさんのものを追い求めてしまうと効果が薄れてしまいます。このプロジェクトに適したフィードバックの強化を事前に選んでいくという観点でお互い意思疎通ができればさらに成長へとつながります。

▼チームが2～3人以上の場合、誰が入念にチェックをするのか

そして役回りの話もします。一番誰に何を見てほしいか。それはリーダー以外の人に対するよいメッセージにもなります。普段、チームで活動している場合、他のメンバーからのフィードバックはあまり進んで受け入れないことが多いのではないでしょうか。しかし、それに突出している人もいれば、フィードバックがそもそも上手な人(一年上の先輩)などもいます。ここでは、その責任も含めて擦り合わせをしておきます。

4 タイムラインとプロセス管理は？

プロジェクトを遂行する上で私は一日に確実にやるべきこと(成し遂げ、できること)を2つと決めています。これをクリティカルパスと呼んでいます。仕事の結果はタイムラインとプロセス管理、ロジ周りでほとんどが決まります。

最近のプロジェクトは、1～2週間の間に20以上のマネージメントインタビューを行

う、割とハードなものでした。お題はその企業が関わった会社の直近1〜2年のビジネスパフォーマンスレビュー。定性的な要素に重点を当て、アンダーパフォーマンス（業績不振）の真因を探るものでした。それも場所は海外で、インタビューも一日に3つ以上こなし、それらの整理整頓したメモを起こし、一週間後にはある程度まとまった結果を幹部に報告しなくていけないものでした。

そんな際に、アウトプットはこのタイムラインとプロセスの整合性にかかってきます。無論、個人のタスクだけでなく、チームのプロジェクト全体でもこれは同じです。**一日、一週間などのチームのクリティカルパスを明確にする。そして一度決めたら報告やチェックを行い、それらを確実にこなすことで、日々のサプライズの要素を極力減らすことができます。**たとえ何か起こったとしてもそれらに十分対処することができるはずです。

5 ワークライフバランスの目標／理想は？

ライフスタイルや仕事と私生活の両立は、今でこそようやく議論されるようになってきましたが、少し前までは違いました。つい数年前まで日本の職場には滅私奉公の名残がまだまだ根強く残っていたものです。

チームラーニングの醍醐味は、このように**普通は仕事のトピックとしては相応しくない、会話に出しにくいトピックでも堂々とお互いの意見をぶつけ合えることです。お互いの価値観を共有することで、働きやすい環境を作る。ルールもそのメンバーごとに調整する、**でいいのではないでしょうか。

例えば、独身ばかりのチームであった場合、ディナーをチームとして取るのは当たり前。でも水曜日は個別に動く。クライアントもチームのディナーを入れないようにする、など前もって決めてしまいます。

逆に家族がいる人もいれば、そのメンバーにはできるだけ考慮して、オープンに働きかけることが可能です。あるリーダーは午後5時頃に必ず、お子さんに電話（スカイプ）をかけます。でも、それをリーダー特権にはせず、チーム全員の権限とすればよいのです。もちろん、自由度が利く範囲は異なる場合もありますが、大抵は可能です。

また、ありがちなのが、ランチをあまり取らないリーダーは、他のメンバーもそうだと誤解しています。わざとではなく、仕事に没頭し、それが当たり前になっている人が多いからです。気を遣って、何も言えずに苦しむのはメリットがありません。このようなことも話し合います。

チームラーニングは愚痴や言い訳の場ではない

しかし、**これらのチームノームは決して自分の甘さ、軽さ、不十分さを肯定し、露呈する場ではありません。**大人の職場なので、責任を持って対応していきます。チームで動く前提を作り、その場を借りて、お互いにできる・できない、をはっきりさせるための機会なのです。仕事で愚痴や言い訳は付き物ですが、そこはチームリーダーとして注意深く不適切なコメントを排除していきます。

最低限、求められるのは仕事の結果です。それをデリバーできない人にチームノームの権限はありませんし、与えられません。自分がいかに貢献できるか、逆にメンバーにいかに貢献してもらうべきか。そういうものを問うのがチームラーニングのあるべき姿です。

あるプロジェクトで私はこんなフィードバックをもらったことがあります。「23時以降になるとあなたは半分寝ていて、効率が落ち、チームの議論についていけない」と。コンサル会社なのでこの手の厳しいフィードバックはザラですが、有意義だったのはその次のプロジェクトでこの状況を先取って説明できたことです。

それもチームラーニングの場で言えたので、できれば重要なディスカッションはその時間帯を避ける、もしくは私の注意が低下していることを理解した上でコミュニケーションを行ってほしいと伝えました。

言い訳のように聞こえるかもしれませんが、それを予め知っておいてもらうのと、そうでないのとでは、チームの期待値が違います。ひいては、チーム全体の効率性を上げることにもつながるのです。

結局、**自分がどのようにすれば良い結果を出せるのかを予め共有することで、その方法や時間帯など様々な場面で本領が発揮できます**。それがチームに大きく貢献することにもなるのです。夜遅くまで仕事をすると頭が回らないのに、リーダーが残っているからまだ帰宅できない、なんて理不尽なことは懲り懲りです。

当日のまとめとその後の共有

基本、話し合いが終わったら、**リーダーがとりまとめて整理をし、共有します。**プレッシャーが高いチームは壁に貼りつけておくのも活気づけになります。仕事がプロジェクト単位ではない環境の場合でも、適宜3～6カ月ごとに、チームラーニングを行うことで、変化を如実に出すことができるはずです。

シリアスな仕事環境だからこそ

実際に実践して初めてわかることなのですが、チームラーニングはシリアスな仕事環境の中で、互いの気持ちを通わせ、短時間でお互いの距離を縮めることができる、素晴らしく「心が和らぐ場」でもあるのです。

冒頭でチームラーニングはチームビルディング（チームとしての意欲向上）にも非常に役

に立ちます、と述べました。チームビルディングとはチームの輪のことを指します。人は毎日仕事を一緒にしているから仲が良くなるわけでもなく、実際関係が密になるには「あるきっかけ」が必要なのです。

もちろん、それは複数のことが重なり合って複合的に形成されるものですが、チームラーニングはその大きな一つと言えます。それはなぜか。

単純に「同じ境遇に置かれた者同士、お互いの苦しみを分かち合うこと」ほど一気に人の距離を縮めるものはないからです。余談ですが、コンサルタント同士は往々にしてファームを去った後でも非常に仲が良いのはお互い凄まじいプロジェクトで体験してきた価値観を共有しているからに尽きると思います。

チームラーニングの一つとして、自分の強み、弱みの状態を打ち明けること、すなわち人の悩みや弱みを知ること、それは図らずとも助け合いの精神を生むのです。

「ああ、彼もこんなことで苦戦していたのか」、または「自分とは違ってあんなことが大変だと思うのか」などお互いへの興味が深まります。そしてプロジェクト中にも、適宜気づいた点を教え合い、上司ならその環境を整えようと努力したくなるものなのです。

プレッシャーやストレスがある仕事やプロジェクトほど、チームラーニングはその威力を発揮します。互いに異なる世界観を共有することで、相手がいない場所でも相手のことがなんとなくわかる、俄《にわ》か以心伝心が可能になるのです。

リーダーもメンバーから大いに学ぶ

冒頭で紹介した、初めてのチームラーニングから数年後、私も一リーダーとしてチームラーニングを実践するようになりました。

ホワイトボードの前に立ち、若手のコンサルタントのニーズを聞き出す。同時にそれを要約しながら、時折冗談も交えながら、相手とリラックスした空間で「相手の期待値」や「未来に行うべきフィードバックのポイントを書き出していく」。

やや扱いづらいと感じるメンバーも含め全員が、いつもの一対一の緊張した、慎重で、当たって砕けよ的な構える姿勢とは180度違っています。しっかりとした目線で親身になってお互いの言うことを聞いているのです。

チームラーニングとは、メンバーが仕事の様々なやり方を学べる場でもありますが、それはリーダーも同じです。私も、リーダーとして多くをメンバーから学びました。例えば、メンバー同士のフィードバック術も大いに参考になりました。彼らの的確なコミュニケーションには常に感心させられていたものです。

sidebar

デブリーフィングの威力

チームへのフィードバックのタイミングについて格好の場が一つあります。それは大きなミーティングなどが終わった直後です。3週間前から、締め切り間近までチーム一丸となりプレゼンに向けて走ってきました。その集大成として本日報告会があり、肩の荷がふっと下りた瞬間。皆さんもそんな経験をしたことが一度や二度はあるでしょう。

デブリーフィングとは、チームに課された業務や課題が終わった後に、何ができて何が改善すべきポイントかを議論する場です。そして、今度のいついつまでに用意するものをチームで確定してしまいます。後でメールでやりとりするよりも、直後30分以内にやることで仕事効率がグンと増します。人によって異なりますが、私はこのデブリーフィングの際にフィードバックも紛れ込ませてしまうようにしています。

この瞬間は、よほど仕事の結果が良くなかった場合を除いて、割と皆が良い気分で、受容性の高い状態にあります。難しい話や、その3週間引っかかっていたところも説明しやすいのです。メンバーも通常よりオープンに話してくれることがほとんどです。

まとめ　チームラーニング

これまでチームラーニングとは何か、その手法、価値観の擦り合わせ、チームを補強し助け合える精神、そして通常の何倍にもなるフィードバックの量や質、チームノーム・働き方の設定、そしてチームのあり方、など数々の優位点について触れてきました。

サーベイ	介入
5〜10問、チームの状態について質問する形式の調査 チームラーニングやチームノームで決めたことがチームで実践されているか確認 プロジェクトの疲労度やストレスなども測り、場合によっては是正措置(Corrective Action)をとる	プロジェクトと間接的に関わっている上司、無関係なオフィスマネージャーなどが入り、正しい方向へ導く プロセスとして導入しておくと便利 第三者的な目線で介入することでカタストロフィを避ける目的
5分〜10分	30分〜60分
月に1回など 定期的に実施	適宜 （サーベイの結果から判断）

チームラーニングを行う vs. 行わないでは、その後プロジェクトや仕事の結果に与えるインパクトが大きく異なることを理解していただけたかと思います。

▼ チームマネジメント全体の流れ

今回の深堀りエリア（チームラーニング～チームノーム）

	キックオフ／アラインメント	チームラーニング	チームノーム
詳細叙述	ハイレベルな状況、経緯、複雑性、向かうべき姿（既に解がある程度わかっている場合）、今後の進め方やタイムラインを議論する チームでやる場合よりかはタイミングを合わせ1on1で行う場合が普通	Step1 スコープ →仕事の全体像を全員で確認と共有 →強みや弱み、仕事の割り振り、成長ニーズなどを共有 Step2 ケイパビリティ	チームラーニングの一環として行われることが望ましい →働き方や仕事習慣についての共有とチームノームの策定。主に、問題解決、ホウレンソウ、FBスタイル、プロセス管理の方法、ワークライフバランス、など Step3 ワークスタイル →当日のまとめと共有 Step4 フォローアップ
所要時間	30分～60分	90分～150分 （チームの大きさによる）	30～40分 （チームの大きさによる）
実施時期	プロジェクト 始動時	プロジェクト始動後 2～3週間後	

もしあなたの仕事がプロジェクトベースではなくても、チーム一丸となって仕事を行う機会があれば、「ある仕事が一段落つくまで」を目途にチームに焦点を当てた思考のバリューチェーンを持っておくと便利かもしれません。

その一例ですが、参考として上に紹介しておきます。

第4章

フォーマルなフィードバックのやり方

自分は庭師だと思ってください（中略）。時々雑草を抜かなければならないこともありますが、ほとんどの場合は、育み世話をします。後に、すべてが花咲くのを御覧ください

—— ジャック・ウェルチ『ウィニング 勝利の経営』より

会社の正式な仕組みとしての必要性と意義

面談が雑談で終わってしまう!?

過去に私がヒアリングした、こんなシチュエーションを想像してみてください。

・以前いた部署は、マイクロマネジメントだったので、細かいフィードバックが頻繁に飛来。それはそれで大変だったが、今の部署では、むしろほぼ野放し状態。
・私は部下の成長に非常に高いコミットメントを持っており、コーチングをいち早く取り入れ、事業部を海外の拠点にまで発展させました。フィードバックを定期的に行い、教育と評価は別物と考えて取り組んでいます。
・年1回の昇給や昇進の際にその額面が書かれている紙が渡される面談のみ。事務的な話に留まる、もしくは喫緊の仕事の話に飛んでしまう。

・「最近どう?」というような形で雑談に終わってしまうケースが多い。
・フィードバックという形は取るものの事前準備は苦手。いわゆる、抑えるべき3~4つの点がない。
・数字がなぜ跳ねないのか? その議論を客観的に議論できず、肩叩きで終わる。考え、態度、行動を探るまでの一連のフィードバックには至らない。
・口頭と記憶で終わってしまう。専用のシートやフォーマットはない。メモも取らず次回の議論へつなげられない。

実は書き始めると長々と羅列できますが、これらに共通していることは、会社の正式なフィードバックの仕組みが存在していないことです。そして、もう一つ明白なのは各リーダーや組織の仕切りによってフィードバックに対する考えが千差万別であることなのです。

第1章では本書で扱う「日常の場面でのフィードバック」の定義、利点やチェックリストなど俯瞰的に言及し、第2章では個人のフィードバックの手法の一つ、覚えやすく効果覿面の「フィードバックループ」について深掘りし、第3章ではチームで行う事前フィードバック「チームラーニングとチームノーム」について詳述しました。段階だって説明してきたので、次は**「フォーマルな場面でのフィードバック」**について触れたいと思います。

継続的な視点で成長をチェック

属人的でInformalなフィードバックだけでなく、正式な仕組みとして質の高いformalなフィードバックを行うことで、リーダーも、チームも、組織もより早く成長できます。

では、なぜ正式な仕組みでフィードバックは必要なのか？

まず、日々バラバラになったフィードバックをパズルのピースとしましょう。そのピースは一見孤立しているように見えがちなのですが、ほとんどのケースがパズルのようにつなぎ合わせることができ、自分像の一角を表すことができるのです。

例えば、Aさんは普段机の上に書類やものが散らかっていたり、ほったらかしにしていたりする。スケジューラーの予定管理が杜撰である。身だしなみがだらしないときが結構ある。これらは個別の対処や改善が必要ですが、まとめると、Aさんは「乱雑な人」というふうに置き換えることができます。

極端にシンプルな例ですが、**我々の行動というのは数多に重なっているように見えていて、実は根っこの部分で共通していることが多いのです。**正式な仕組みの上で、これを特定して対処することで、より質の高いフィードバックが可能になります。

日常ではカバーできない大問題について話す

次に、日々のフィードバックではできない重い話などは正式な場でないと意味がありません。特に人格に関わるような話、キャリアの向き不向き、プロジェクトで失敗した事柄などについてのフィードバックは日々のやりとりでは交わせない大きな議論です。

あるプロジェクトで、メンバーの立ち居振る舞いが問題視されました。「このままでいくと、リーダーとしてはやっていけない。能力的な素質はあるのにもったいない」といった内容でした。しかし、彼の不適切な言動をいちいち現場でフィードバックしていても解決しません。問題はもっと大きいのです。原因は価値観や彼の二面性にあるかもしれません。

こういった問題は表面上直せても、その場しのぎに過ぎない場合もあります。巧妙かつ狡猾な人ほど隠すのはお手の物です。ですから、こうしたフォーマルなフィードバックの場で相手と目を合わせ、反応を慎重に見ながらコミュニケーションをする必要があります。

個人と会社のシナジーを図る場として

リーダーとしてやはり大事なのが、正式なフィードバックの仕組みの上で相手への長期的な成長について語ってあげることです。個人の成長目標もありますが、会社の経営指針・モデル・価値観に照らし合わせた形でのフィードバックを行うことでシナジーを築いていくのです。

まず、初めに理想とする基準を設定し、統一された形で求める人材のあるべき姿を想定してください。お互い共有し、フィードバックをする際もそれに合致した形で行います。

特に、フォーマルなフィードバックをする以上、共通した言語は必ず守らなければならないものです。お互いそのほうが、会話の速度や意思伝達も早いですし、誤解を招きません。

例えば、フィードバックを行う上で、「弱み」とは言わずに、「成長機会」（デベロップメントニーズ）と呼ぶなどです。ネガティブをポジティブに変換するだけで効果は断然違ってきます。その他、「強みの中の強み」のことを強調するために、「スパイク」などという言い回しを活用するなど、全社共通での差別化を図ります。

なお、職場によって様々ですが、フォーマルなフィードバックとは、大まかには**「プロジェクト後・毎」**や**「年1回、半年に1回など定期的」**の2つと考えてよいでしょう。本章ではこうした定義の上で、具体的なフィードバックの手法についてお伝えしていきます。

プロジェクトごとのフォーマルフィードバック

成長が運しだいにならないために

冒頭で会社としての正式なフィードバックが実質行われていない混乱した例をいくつか挙げました。多くの会社では、評価や数字の達成率などの確認が主流で、あとは雑談に近い形で終わってしまうようです。

しかし、**実際困っていることや達成できない理由を構造化し、ファクトベースで積み上げ、個人の成長に向けて親身に話すこと**が、大きな注文ですが、大事だと思います。

私が最近遭遇した悲惨な例を挙げると、そこで行われていたフィードバックは驚くほど単純（無駄）な、「気づいた点を文章にまとめて、メールで送付してください」でした。耳を疑うかもしれませんが、事実何の枠組みも存在しておらず、アシスタントからリマインダーメールが来るだけでした。これといった運用の仕組みというわけでもなく、ランダムにリーダーに届いただけで、それを実行するのも個人の自由のような状況でした。

思いつくままに嫌味だって書けますし、強みだけを強調したっていいですし、結局何が重視されているのかはリーダーしだい。リーダーの良し悪しに任されます。運が良い人だけが伸びていき、偏った結果を生みます。

同時に、フィードバックが経験則だけになりがちで、そういった成功体験などは伝わらない、役に立たないことが多いのです。しかもこの会社の売上高は数百億円にも及びます。CEOが嘆くのも当然のはずです。


ここではまず、プロジェクト後・毎に行うフォーマルなフィードバックについて、そして次項で年1のフィードバックについてお伝えしていきます。プロジェクト後・毎のフィードバックは行わない職場もあると思いますが、例えば大まかな業務の区切りなどで、個人的に自身やメンバーの振り返りをする際などにお役立ていただければ幸いです。

行うタイミングを逃さない

コンサルティングですと、通常プロジェクトごとや仕事の一区切りごとにマネージャー

▼ プロジェクトごとにフィードバックがある場合

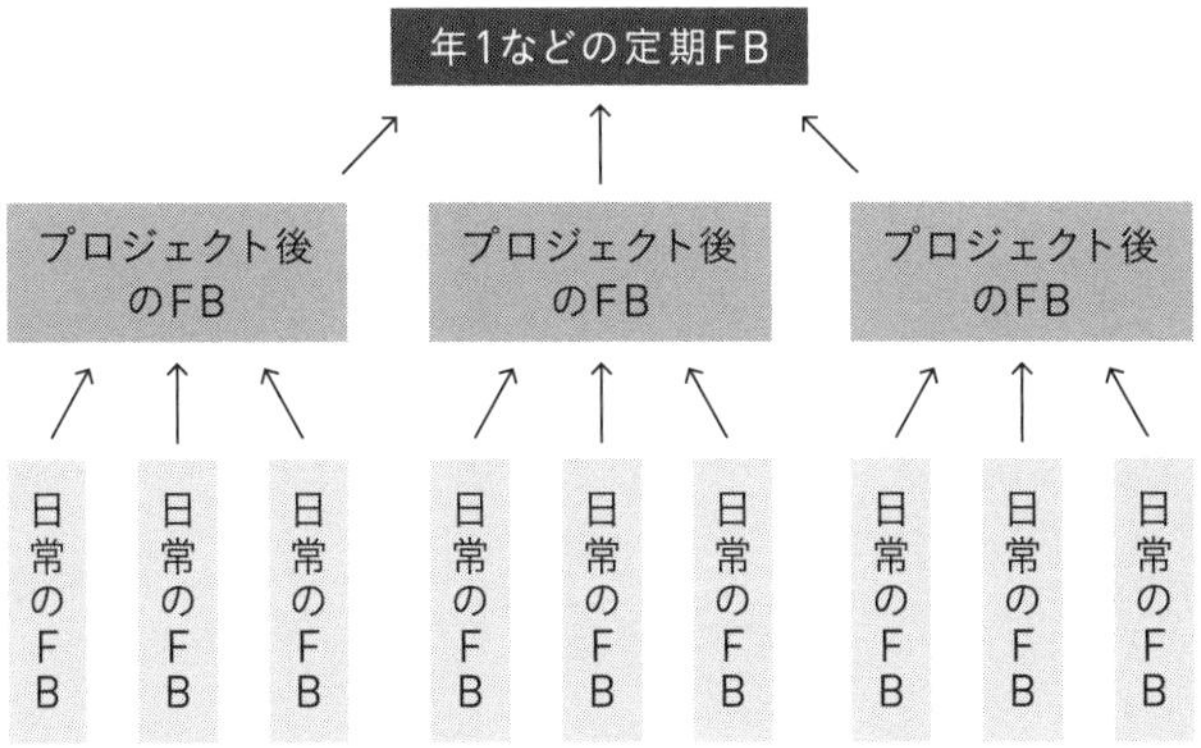

は各チームメンバーのためにある程度統一されたテンプレートを使用し、書き込みをします。それを期限内に終わらせ、2〜3週間後には、30分〜1時間をブロックして相手と一緒に正式なフィードバックセッションを設けます。

簡単に聞こえますが、徹底するには時間がかかります。**自動的に発動するリマインダーやツールを導入するとよいでしょう。**そのフィードバックセッションが完結したらそのことをシステム上で伝え、終えます。

なお、「仕事の成果やパフォーマンス」と「自己の成長」というのは必ずしも同時並行かつ都合よく噛み合うというわけではありません。そのため、プロジェクトごとのフィードバックを行っていても、年に一度は総合的なフィードバックをすると効果的です。詳しくは次項をご参照ください。

全社で評価シートを活用

フォーマルなフィードバックがしっかりできているかどうかは、使用するシート項目の分解度や粒度の細かさでわかります。コンサル会社では「評価シート」と呼ばれ、**項目はその会社が重要視している点、すべて**です。一例ではありますが、次のような考えを参考にしてください。同じ会社でも部門によって内容は違ってくると思いますが、ポイントは、プラクティカルで、誰もが納得がいくものであることです。

・探す必要もなくPDFが随時ダウンロード可能
・会社のミッションとバリューが明記されており、フィードバックをする側が何に対して重点を置くかがはっきりしている（例えば：果敢に挑戦する姿勢、顧客第一主義、など）
・そのプロジェクト特有の背景や状況の説明（2〜3点）
・自分の役割、役目の理解を明記
・担う役割のスコープが広がるごとにリーダーの資質たるカリスマ性、統率力、ビジョ

ン、共感力、果敢性、ＶＵＣＡの要素、などを追記
・大分類と小分類が整理されていて、評価しやすいように選択肢形式になっている
・フリースペースがあり、何か書かなくてはいけない
・最終的に「一言でまとめると」のシンセシスを書かなくてはいけない

このような評価シートを駆使し、フォーマルフィードバックを行っていきます。なお、その組織においてトップリーダーになるまで、学習・研修・成長を貫く共通の軸があり、それに基づいてフィードバックをするというのが大事です。

もちろん、シートを用意するだけでは足りません。私もいくつかの企業を経験してはっきりとわかったことなのですが、優秀な組織ほど、ビフォーとアフターを徹底します。

ビフォーでは、部下の成長や育成は必然という概念をしっかりと植えつけます。第1章でご紹介した成功事例のように、事前にシートの説明や研修をしっかり行います。正式な場ではこのようなシートを活用します、と一連のコミュニケーションを流すのです。

アフターではフィードバックを行った後にこのフォームの記述内容が確定され、当事者にまた送られることを徹底します。

なお、この情報は保管され、必要に応じてアクセス可能にしておきます。そして長期的

に何が改善されたかがはっきりと議論され、成長という感覚的な言葉に留まらず、実際に「何が、どう改善」を遡れるようにしておきます。

部下との事前共有で精度を上げる

フォーマルフィードバックの際、相手が事前にフィードバックのポイントを把握していることが望ましいです。内容は主に、評価シートのコンテンツになります。それが相手へ事前に送信されていて、チェックが可能になっている状態が理想です。

数日前に相手が考え、質問準備などもできていれば、フィードバックがよりスムーズになり、より早く本題、成長へのアクションに辿り着くことができます。実際、この事前準備の大きなメリットはサプライズの要素と勘違いをなるべく回避できる点です。

もちろんですが、フィードバックはある程度、相手のパフォーマンスとして捉えられ、今後のキャリアにも影響していきます。ですので、**自分の考えや思いをしっかり整理して、ベストの状態で臨んでもらうほうが、本人の納得度や満足度も高くなります。**

追加でセルフでアセスメントをしてもらう場合も、上級手段ですが、あります。プロジェクトが終わった時点で全員自己採点するのです。自分が今後強化していきたい点、今回ダメだった点、数カ所。そして今回最も優れていた点、数カ所。リーダーとして部下やメンバーが成長に対して考えていることが把握でき、便利です。

とはいえ、逆にフレッシュな思考の妨げにもなりうるので、扱いに注意が必要です。フィードバックをゼロベースで考えてなくてよいという楽な部分もありますが、逆にリーダーとしてのフィードバック思考や習慣を怠惰にさせてしまう可能性もあります。つまり諸刃の剣なのです。

私の場合、割と簡単な処置として、相手の書き込みを読む前に、既に自分である程度相手への内容を固めてしまいます。予め箇条書きで書いておくという意味です。その後に、フレッシュな目で相手から提出された内容に対し、リーダー独自の視点でチェックをしていきます。

フィードバックセッション本番

頻度にもよるのですが、プロジェクトごとのフィードバックは、年1などのものよりカジュアルな雰囲気でも構いません。

フィードバックセッションとその後のディナーなどを組み合わせるのもよいでしょう。

もしくはそれらの合間に、しっかり静かな場所へ移動して、30分語るなども可能ですし、リラックスしている分、割と率直に会話が進みます。

ただし、フィードバックを行う際、各メンバーが**「このセッションは正式に行う重要なものである」**という共通認識を持つことが非常に大切です。貴重な成長機会として、限られた時間を有効に使うようお互い意識してください。目安は30分～1時間程度です。

では、具体的にどう切り出して、何を話しておけばよいのか？　いくつか例を挙げておきます。

まず、今回のプロジェクトや仕事に対して、相手への期待値やロールをきちんと説明します。

チームリーダーレベルなら、「本件において、Aさんの全体の流れ、チームメンバーの分担、メンタルのサポート、シニアクライアントとの関係構築、コミュニケーション全般、ファーストアラート（いわゆるすべてにおいて、まず自分が敏感に反応する）など」。

または、チームメンバーレベルなら、「X業界についてのリサーチ、整理、意味合い出し、専門家とのインタビュードラフト、質問のドラフト、特定企業に対してのフォローアップ、市場分析、など」。できるだけ具体的に伝えます。

評価シートには項目ごとにびっしりフィードバックを記入していると思いますが、その

▼ セッション時に手元に置いておくとよい（再掲）

定型文（日本語）	定型文（英語）
私は○○（行動）を観察した	"I observed that you behaved... (fact 1) (fact 2)"
その○○（行動）は私を○○の気持ちにさせた	"This gave me (a certain type of feeling)"
もし私があなただったら、○○のようにするであろう	"If I were you, I would..."
結論、明日からは○○のような新たな行動をとろう	"Therefore, from tomorrow we can (take a certain action)"

中でも優先順位の高いものから、先ほどの期待値を確認した上で深掘りしていきます。

例えば、マネージャーならチームとクライアントのリーダーシップや実際のインパクトについて、チームメンバーなら分析、ロジスティクス、質問やアウトプットのクオリティについてなどです。

また、主観などを抑制するためにも、フィードバックを始める際に、まず、「I observed that...」（私は○○を観察した）という形で始めることが多いです。

第2章の「フィードバックループ」で述べましたが、フォーマットを準備しておくと便利です。

上記のような形で臨むと常にどこに対してチャレンジがくるかも想定できますし、

フィードバックが楽です。

最後に、もう一つお伝えしておくと、個人のパフォーマンスに応じて、環境を変える人がいますが、これはお勧めできません。

もし、あるチームメンバーや部下が優秀で、成果を上げていたとしましょう。すると、飲み屋で行う。なぜなら、話すことがあまりないから。逆にそうでない問題児がいたとしましょう。その人は金魚鉢みたいな会議室でゴリゴリ詰める。

このように行った場合、両方にとって公平なフィードバックの機会ではなくなってしまいます。ポイントは**共通している環境や仕組みが必要だ**ということです。

フォローアップの仕組み

リーダーとしてフィードバックしたことが改善できているかをフォローアップするのは大事な役割の一つですが、プロジェクトごとに行うのは難易度が高いのも事実です。それが実質可能になるのは、一年や半年に1回などのフィードバックの場合でしょう。詳細は次項で詳しく述べていきます。

プロジェクトの期間が長い場合は、プロジェクトのフェーズごとのフォローアップも可能です。前回の評価シートやフィードバックセッションで議論した内容に遡り、今回（例えば、3〜6カ月後）改善された部分を明記し、どのような点で良くなったかを書き込みます。それを正式なプロジェクト後のフィードバックセッションでレビューしていけばよいです。

なお、優れたフォローアップという意味では、やはり**デベロップメントリーダー**についても触れておく必要があります。以前在籍したマッキンゼーでは、第三者的な教育係、メンターのような人が一人いて、その人が責任を持ってコンサルタントの評価と育成に携わっていました。

プロジェクトリーダーやプロジェクトで関わったパートナーとは別に存在していたデベロップメントリーダーの最大の利点は客観性です。人選はフィードバックを受ける人とは異なる業種、ファンクションであることが鉄則です。その人が、多方面から集められたフィードバックを元に、一番本人に必要なものをピックアップして、年に一度整理してくれます。それをベースに翌年のチャレンジするべき項目を中心に己を鍛えていくのです。

導入している会社は少ないですが、人の成長にフォーカスする場合、いかにフォローアップが大切と考えられているか、おわかりいただけるのではないかと思います。

年1など定期のフォーマルフィードバック

「あれもこれも」では伝わらない

もしプロジェクト単位では行わない仕事が主流だとしたら、こちらの年1回や半年に1回がその貴重な機会になります。

評価シートに今年の仕事での達成マイルストーンを複数用意、区切ってセッションを進めていくことで、同等の効果が得られます。

この一年で、成長できたことは何か、そして成長課題は何か。それを本人はどう思っていて、どこをどのようにすれば、さらに成長していけそうか。「フィードバックループ」を意識しながら、インタラクティブなやりとりを行ってください。だいたい30分〜1時間が目安です。

余力があれば、シート以外に後述のレターのようなレビューを追加してもよいと思います。

▼ 定期的なフィードバックのみの場合

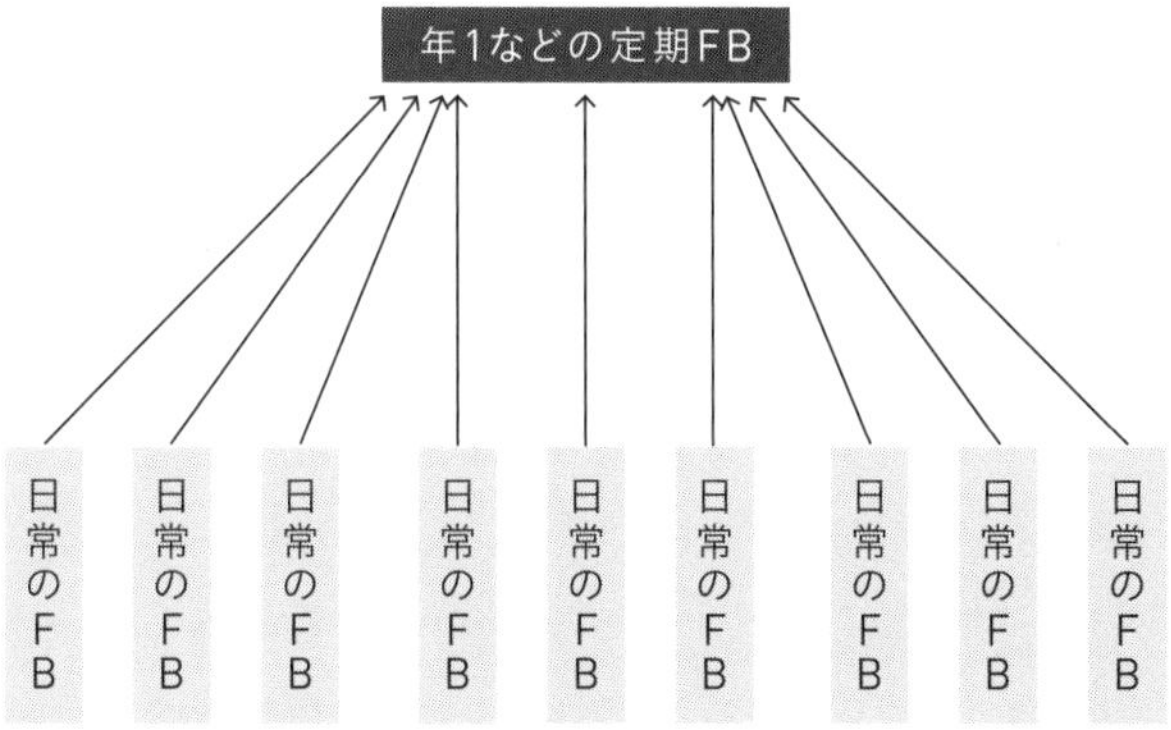

とはいえ、フィードバックする内容にも様々な種類があります。例えば、サッと思いつくものを羅列しても結構な量です。特に、年1など定期フィードバックの場合は、次のようなマイルストーンの検討が必要になります。

- 日々の仕事を熟すための単純作業に関して
- 仕事能率のアップに関して
- 社会人としてのルールやマナー
- 強みを引き出す差別化要因
- 早いうちに対処すべき弱みや悩み
- 一点の目標に向けて（昇進、昇給、賞与）

これら各ポイントの内容をいちいち深堀りしていては、時間がいくらあっても足りない気がします。そこで、会社とリーダーにとってコアなポイントについては予め決めておく必要があるのです。鍵になるのは、ビジネスの本質と社員の成長がいかに精密に紐づけられているかです。

自社にとってコアな部分を意識的に

コンサル会社以外の例を挙げておきますと、以前プロジェクトをお手伝いさせていただいたあるクライアントの営業販売組織の場合、重要な領域・テーマが3つありました。紐づく要素として、

1. 製品や業界知識：あらゆる角度から精通しているか否か
2. 問題解決力：ここには、課題の特定、構造化、仮説の検証、分析、優先順位づけ、アクションプランへの落とし込み（作成）など
3. 実行力（遂行力、推進力）：実行に加え、進捗管理能力や善後策といった切り口の考察など

これら3つの要素に分けることで、数字の達成率や確認が主流の業界であっても、「な

ぜ数字が達成できない、困っているか」をより上手に、正確に分解した形でフィードバックすることが可能になります。同時に物事を多面的に捉えられるようにもなります。

このようにフォーマルなフィードバックを行う上で、リーダーとして軸をはっきりさせることは後の部下の成長に大きく関わってきます。「コアな部分（根っこ）」か「ノンコアな部分」かフィードバックを明示的に意識しながら行うことが可能なのです。

例えば、先述の「社会人としてのルールやマナー」というのは、最低限必要なものなのですが、それればかりにフォーカスを置いていてはいけませんよ、という示唆にもなります。

なお、こちら年1のフィードバックを提供する側として、次の点を予め頭に入れてセッションに臨むことをお勧めします。

・直近の仕事への目標達成に関連するフィードバック。いわゆる「ジョブ」に対するフィードバック
・中期的「キャリア」に対するフィードバック
・長期のアスピレーション

いかがでしょう。この3つのうち、実はフィードバックが集中している箇所はありますか？ 多分、直近の仕事に対するフィードバックがほとんどだと思います。それは過去の

振り返りという意味で非常に重要です。

しかし、人は未来に目を向けてこそ、飛躍的な結果がついてくるものです。自身のフィードバックが未来思考なのか、過去思考なのかの傾向を見極める簡単なチェック法として覚えておいてください。

レター形式で重みを持たせると効果的

もちろん、プロジェクトごとにフィードバックを行っていても、この定期フィードバックはぜひ行ってください。「仕事の成果やパフォーマンス」と「自己の成長」というのは必ずしも同時並行かつ都合よく噛み合っているわけではありません。そのため、たとえ短くても年に一度は総合的なフィードバックをすると効果的です。

この振り返りのセッションでは、その年のプロジェクト後のフィードバックなどを集約し、いくつかの大きなテーマに分けて議論することをお勧めします。

また、この際、評価シートは使わず、ワード文書を作成して手渡すようにします。段落ごとに、今年のプロジェクト別での貢献、優れていた点、デベロップメントニーズと今後の部下の目標（やるべきこと）という形で書いていきます。このため、リーダーとしてのシ

▼ A4用紙1枚程度で作成する

作成例 1

ヘッダーや宛名など

- **プロジェクト（仕事）での貢献**
- **優れていた点（強み）**
- **デベロップメントニーズ（弱み）**
- **今後の目標**

フッターやサインなど

作成例 2

ヘッダーや宛名など

- **業界の動向・自社の位置づけ**
- **部門やチームの功績**
- **本人の貢献**
- **今後の目標**

フッターやサインなど

ンセシススキルも試されことになるでしょう（次項を参照）。

イメージは上に示した通りです。総まとめのフィードバックになるので、**正式なレターのような形で提供するとグンと説得力、コミットメントが増します。**そして何より部下を大切にし、尊重している表れとなり、長期な忠誠心に影響を与えます。

これを毎年続ければ、去年から今年、今年から来年とケイパビリティの向上をきちんとフォローできるようになります。

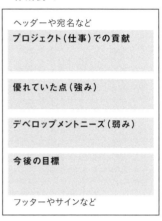

普段では難しい、根深い問題を話す

本章冒頭でお伝えした通り、人格に関わるような話、キャリアの向き不向き、プロジェクトで失敗した事柄についてのフィードバックは、このときがベストです。

第1章で触れた、部下に仕事を任せるのが苦手などの場合もそうで、落ち着いた場所や雰囲気で話すことをお勧めします。

特に深刻だったり、繊細だったりするトピックは、重要度を上げて、例えば、セッションの初めに話すのもよいでしょう。**そうした難しい角度からリーダーが積極的に攻めていくことで、本人にも問題の大きさが伝わるはずです。**

そして何より、期限を切って、焦らせるようなことをしてはいけません。フォーマルフィードバックの期間中に頻繁に話す覚悟も必要ですし、相手にはどれだけ時間がかかっても大丈夫と安心させることが重要です。

あと、難しく根深い問題の話ほど、人は取り繕ったり、オブラートに包んだり、本音を避けたりしますが、フィードバックをする際に得策ではありません。覚悟として、相手が怒って、不愉快になって、部屋を出て行ってしまう。けれども、必ず何かしらの答えを探し出して、改善をしてくる、のように考えて勝負するとよいです。喧嘩をすると、仲直りした後に、さらに強い絆で結ばれる場合がありますが、それくらいの心持ちが必要です。

マインドセットや人格は人の骨格です。第2章で人間心理の深層について触れましたが、下から3層目に自己への期待や他人への一方的な期待として生き方のルールについて言及しました。我々は皆、まさにこのルールに沿って生きています。マインドセットや人格はこのようにそれぞれが持つ独自の世界観なのです。それを社会や組織の他の人々と共存する場でぶつけ合い、日々、人は成長していきます。この深い部分の話をするわけですから、相手のことをさらに深く知る必要もあるかもしれません。

過去に受けたことのある、行動心理学や知的サーベイの結果などを聞いてみるのもよいでしょう。例えば、代表的なのをざっと並べるだけでも、MBTI、CliftonStrengths(StrengthsFinder)、HBDI、FIRO、など数多に存在します。戦略コンサルティングで有名なのはMBTIというテストです。

特にないようであれば、これを機会に何か受けてもらってもよいでしょう。費用と時間の許す範囲で構いません。そこで原因を突き止めるというより、話の糸口になればそれでもよいと思います。

言うまでもないことかもしれませんが、こういったトピックを話すときこそ、リーダーとしてフィードバック能力の真価が試されます。ぜひ、周到に準備をして臨んでください。

sidebar

スパン・オブ・コントロール

毎年、評価の時期が近づいてくると、憂鬱になるリーダーは多いかもしれません。通常の業務に加えて、複数のメンバーのフィードバックを行うとなると、実際、かなりの業務量です。

一人のリーダーが効率よくリードできる最大人数はだいたい何人かご存知でしょうか。専門的にはスパン・オブ・コントロール（Span of Control）と呼ばれるのですが、多くて10人、通常は7人が最適だと決まっています。戦略ファームなどでは、年末のフィードバックの時期、評価シートを書き、セッションを行っているのは、最大でも5〜6人ではないでしょうか。

偶然にもデータ分析をして、バーチャートなどを並べてよい数も最大で7つと決まっています。それ以上は人間の脳にスゥッと入ってきません。コンサルティングファーム1年目で習う鉄則です。大所帯を持った巨大組織のCEOも実際の直属の部下はその程度です。最近、マネジメントチームレビューをした際も、12枠以上も組織図でレポートラインを掲げていたCEOは取締役会で、「あなたはどのように一人ひとりを把握していくのだ？」と注意を受けていました。

短い言葉で的確にフィードバックする

シンセシスのスキルを磨く

フィードバックはコンサルタントとしての総合的なスキルを測る上で格好の場だと認識されています。アナリスト時代の基本トレーニングの一環として、問題解決の思考とアプローチというものがあり、ステップ・バイ・ステップで紐解いていくと、分析した後、それを統合する力ということで、シンセシス（Synthesis）というスキルが残ります。

それは**少ない言葉や短いフレーズで的確に表現できる能力（思考のまとめ力）**のことです。プロジェクトの業務において特に意味合いを「書く」ときに重視され、フィードバックの際にも実はマネージャー以上ではこれをかなり真剣に見られています。

このスキルに秀でた人のフィードバックであれば、①容易に理解・想像ができる、②アクションに意味がある、③長期成長へのインパクトが大きい、ということになります。

特にフォーマルなフィードバックは、限られた時間で行わなくてはなりませんし、もちろん文章として「書く」という作業も発生するので、このシンセシスが大事になってくるのです。

長々と説明を求めてくる相手には

例えばあるタスクに対し、詳細レベルまでいかないとその間違いを認めない人「Jさん」がいたとしましょう。ここの部分間違っているよ、では足りず、**「え、どこの何が？もっと詳細を教えてください」**。あの小学校時代の意地悪クラスメート「何時何分地球が何回周ったとき」、あの台詞を思い出させてくれるような人物だとします。

結局、自分が納得、説得されないと非（間違い）を認めない。人から指摘を受けるのが苦手で、頭が固い。何事をするにも長々と説明が必要で、フィードバックをする際も嫌になるほどファクトを求め、その状況や人などあらゆる事柄を配慮した上でフィードバックの妥当性を問うのです。「それだったらまあ、しょうがないな、あなたのフィードバックを受け入れよう」というようなスタンスです。あなたならどう対応しますか？

そんなに長々と説明してもいられないので、この人のリアクションを突き詰めていく必要があります。なぜ、このような挙動に出るのか。おそらく、プライドが高いからでしょう。しかし、もし、「あなたはプライドが高い」というフィードバックをしてしまったら、それは主観が入りすぎてしまい、ろくな議論展開が叶いません。なので、柔軟にそれを言い換える必要が出てきます。防御的で、リアクティブ、自己を庇《かば》う、正当化する、感情的、素直ではない、など表現は様々です。

私であれば、**「Jさんはビッグピクチャーで捉えられない・限定的」**とお伝えするでしょう。私が思うに、全体像を捉えていない人ほど、第三者目線で自分を見ることができません。その目線で見られないから、自分が間違ったことも認識できない、と、そう論じます。

その後に少し、インパクトがあるファクトを用意して、一つ二つ状況説明をしてあげます。そして、こちらに対するアクションが可能になれば、その方への成長のインパクトが大きいと思います。

シンセシスを効かせたフィードバックのコツ

このように、特にフォーマルなフィードバックを行うにあたっては、文書はもちろんのこと、口頭でも、その質を強く意識することをお勧めします。そのために役立つポイントをご紹介しますので、話す・書く、両方の参考にしていただければ幸いです。

1▼前置きや前提を特段入れない

状況が状況であったというのは百も承知というスタンスを取ります。例えば、部下に対して、「おまえが頑張っていることは重々にわかっている…ホント、目立つ欠点もあまりないんだが、あえて言うとしたら…今回は特別なケースだということも理解している」など、同情を介した言葉をなるべく避けることです。

相手の気持ちを思っての発言なのですが、**ビジネスで、フィードバックで、シンセシスを意識する場合、そういった枕詞は避け、単刀直入に言う努力をしましょう。**そのほうがキレイさっぱりで後になっても気持ちが良いものです。

ちなみに、このような「状況トーク」というのは、後で会食や酒席などで話すと効果的です。「ホント大変なプロジェクトだったよな…無茶ぶりが凄くて困っちゃって…」など、このタイミングで現状理解しているよ、を仄《ほの》めかすと関係がグッと縮まります。

2▼一度フィードバックしたことを二度（別の言い方で）言わない

フィードバックでありがちなのが、似たようなことを何度も繰り返し言うことです。そこはグッと堪えて、メッセージ一つに対して、例を一つ二つ準備し、そこに絞って部下に伝える努力をしましょう。複数のことを一気に覚えることは難しいです。

そして、似たようなことを複数言うと、逆に信憑性を失うことにもなります。伝えたい複数がリンクされているなら、その関連性を明らかにし、またその概念を同じ傘の下に動かしましょう。これこそシンセシスの醍醐味です。

3▼伝える前に言葉選びのためにいくつか候補を用意する

先ほどのJさんの例のように、現状を理解したら、とことん原因を突き詰めて、「なぜ」に対する表現をいくつか用意していく。その後、用意した言葉から選んでもいいですし、さらに的確な表現を導き出しても尚可です。要するに、一旦卓上に言いたいことを並べてから、コミュニケーションをリファインしていくのが常套手段だと考えてください。

4▼最後の締めに多くを語らない

関係ない褒め言葉やフォローを入れない。変な余韻を残さないようにします。ここで気をつけていただきたいのは、**自身が行ったフィードバックを決して濁さないため、下手に軽んじてはいけませんよ、**ということです。特にフォーマルなフィードバックの場では、繊細な話、重い話、苦手な話、将来の目標などを語るので、リーダーとして残しておきたいインプレッションを大事にしてください。文言を減らす、多くを語らないに越したことはないのです。

5 ▼ フィードバック相手以外のことはあまり言わない

ロールモデルを用いるときは必ず相手が明らかにわかる・認める人に限ります。尊敬する対象が違う場合がありますし、尊敬する部分も真逆だったりします。ここでロールモデルの正確性を議論しても意味がないので、明らかに誰から見ても認めている人以外は使わないほうが面倒を避けられます。

ついでながら、補足するとフィードバックをするときに「会社の誰々みたいに」は極力避けるようにしています。常に、自分自身のポテンシャルと闘い、自身のあるべき姿に屈しない。そういったスタンスのフィードバックが効果的だと私は信じています。

チェックリスト 2

あなたやあなたの組織のフォーマルフィードバック力は？

本章では、組織として行うフォーマルなフィードバックの手法をご紹介しました。これらの内容を参考に、次の12個の質問に答えてみてください。これから優先して整える仕組みや磨くべきスキルを知る手がかりになるはずです。

1 | あなたは仕事が一段落後、マイルストーン後、年1回など、フォーマルフィードバックのようなものを実践している

5	4	3	2	1 点数（以下同）
いつもそうしている				全くしていない／面倒くさい

2 | あなたは部下にフィードバックする点を事前共有している

5	4	3	2	1
いつもそうしている				全くしていない／面倒くさい

3 | あなたは評価と育成の場を使い分けている

5	4	3	2	1
いつもそうしている				全くしていない／面倒くさい

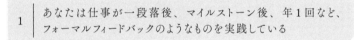

4 あなたはフィードバックのために評価シートなどを使用しており、その項目は、組織の求めるスキルや人材に関連している

5 — 4 — 3 — 2 — 1

いつもそうだ　全くそうではない

5 あなたは求める人材像に連動して、コアなフィードバックの項目が区別できている

5 — 4 — 3 — 2 — 1

いつもできている　全くできていない／面倒くさい

6 あなたは相手と必要な深い話や重い話をできている

5 — 4 — 3 — 2 — 1

いつもできている　全くできていない／面倒くさい

7 あなたはフィードバックの正式なレターなどを作成し相手に与えている

5 — 4 — 3 — 2 — 1

いつもそうしている　全くしていない／面倒くさい

8 あなたは共通フィードバック言語を徹底している

5 — 4 — 3 — 2 — 1

いつもそうしている　全くしていない／面倒くさい

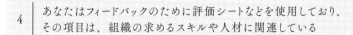

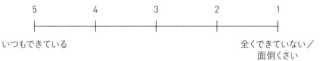

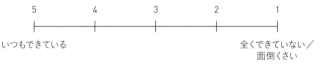

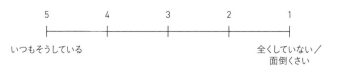

9	あなたは場所や環境を一定した形で選び、相手のパフォーマンスに関係なく実践している

5 — 4 — 3 — 2 — 1

いつもそうしている　　全くしていない／面倒くさい

10	あなたはフィードバックにおいて適切なフォローアップができている

5 — 4 — 3 — 2 — 1

いつもできている　　全くできていない／面倒くさい

11	あなたはフィードバックを手短に（シンセシス）できるように工夫や研修を行っている

5 — 4 — 3 — 2 — 1

いつも行っている　　全く行っていない／面倒くさい

12	あなたは正式な仕組みとして質の高いフィードバックを行うことで、リーダーも、チームも、組織もより早く成長できると信じている

5 — 4 — 3 — 2 — 1

信じている　　全く信じていない

終わったら点数を合計してみてください。60点満点中いかがでしたか？機会があれば、他の同レベルの役職やリーダーの人と話してみたり、組織の人事の責任者とレビューしてみましょう。

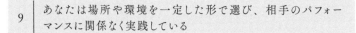

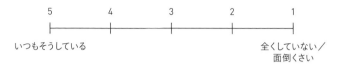

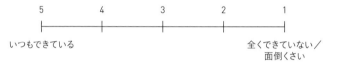

第5章

フィードバックの精度を上げる

結局は簡単な選択肢しかないんだよ。
必死に生きるか、死を選ぶかだ

―― アンディ・デュフレーン　映画『ショーシャンクの空に』より

より指導力の高いリーダーになるには？

質の高いフィードバックを行う。そして仕事のパフォーマンスを上げる。それは掲げるに相応しい目標でしょう。では、そんなフィードバックができるようになると、いったいどんな利点があるのでしょうか？

質の高いフィードバックが可能な人は…

- 上司から認められる
- 部下からも慕われる（フォロワーシップが作られる）
- 仕事ができる人として求められる
- 観察力が磨かれる
- 積極的に聞く力が身につく
- 人の気持ちを敏感に察することができる
- 強みや弱みを把握でき、的確な指導が可能になる

さらに、

・働く周りの人に高い目標や要求ができるようになる
・チームのマネジメントが楽になる
・きつい仕事を（部下に）任せられ、仕事の効率やアウトプットを何倍にもできる
・EQにまつわる素養が高まる、例えば共感力、影響力、統率力、想像力、など
・時間の無駄遣いが減り、雑談トークもなくなる
・会社のフィードバックカルチャーに貢献できる
・相手の強みを伸ばす方法も身につけられる
・ハイポな（大きく伸びる）チームを形成できる

質の高いフィードバックを身につけることによって、あなたは自身の指導力はもとより、様々な能力が磨かれ成長していくことができるはずです。

そして、そんな人物は、普通の人とどこがどう違うのでしょう？
いかなる特徴を持ち合わせていて、あなたにそう感じさせるのでしょうか？
ここでは、そんな人たちの特徴を集めてみました。

1．落ち着きがある
2．相手の主張をしっかりと聞き、共通概念を形成している
3．言葉選びが上手で納得がいくよう説明をしてくれる
4．メッセージに一貫性がある
5．フィードバックを元に「何をすべきか」をはっきり示してくれる
6．あるべき論を語るが、そのギャップについても考えている
7．一気にやらず、優先順位やタイミングを見計らって行っている
8．仕事において何が大切かを理解している
9．今後のキャリアや将来に向けて考えてくれている
10．最後に、あなたのことを親身に思ってくれている、それが伝わってくる

この最終章では、こんな誰もが憧れる理想のリーダーになれるよう、より精度の高いフィードバックを行うコツを深堀りしていきます。

フィードバックの達人になる

通常のフィードバックが難しいケース

定義、ループ、チームラーニング、フォーマルな手法と運用を経て、フィードバックの応用編に入ってきました。この章では、どのように効果的なフィードバックを、通常よりも一歩も、二歩も踏み込んで（ストレッチゾーンで）実践していくのかを深堀りしていきます。

それを理解するためには、難しい状況で整理するのが一番でしょう。特に、悪戦苦闘した体験に照らし合わせるのが重要です。

自分が散々苦労した、そんな状況を思い出してください。私にも、もちろんですが、そんなもってこいのシチュエーションがあります。

途中プロジェクトに配属されたときのことです。もともと在籍していた部下のチームメンバーTーさんは、おかしなことに、初めからタメ口で、不作法で、したたか。行っていただきたい仕事を上手にかわしてきます。簡単に言うと、私は初っ端から完全になめられてしまったのです。

尚かつ、仕事を熟す面でのケイパビリティは高く仕事も割と速い、そんな他人からの評価でした。そして、私へのそんな態度とは打って変わって、クライアントとのコミュニケーション時には非常に丁寧で、礼儀正しいときている。初日から「これはまいったな」と酸欠状態に陥ったのですが、ふとステップバックして、あえてフィードバックをしようかどうか躊躇してしまいました。

上司である私は年齢では彼より3歳若い、私は中間管理職的な立場でボスと部下の間的ロール、入社して日が浅い、プロジェクトの参加タイミングも2~3週間遅れた状況で内容や状況把握にキャッチアップが必須。複雑な状況です。

あなたならどうしますか？ どんなフィードバックをしますか？ いつしますか？ 誰を巻き込みますか？ そもそもフィードバックをしますか？

影響力が及ぼせる領域は限られる

例のように状況が複雑で、ダイナミック（流動的）で、感情を伴う場合、その状況に対し理性を持ち、冷静沈着に行わなければなりません。

ところがフィードバックを端的に捉え、タイミングを間違えたり、行いたいフィードバックの分類や認識が浅はかであったり、相手への必要性の見極めを誤ったり、他の人の評価を信じ込みすぎ己の眼で決断をしなかったり、その結果私はこれまで痛い目をたくさんみてきました。

様々な体験を経た結果、フィードバックを相手に行うという行為は、だいたい次のような要素に分解できるのではないかと思います（265ページの表）。

特に複雑な状況の場合、これらのどの領域がフィードバックの効果を妨げているのか、またどの領域をメインにフィードバックをすればより有効なのか、さらには、そもそもフィードバックを行うこと自体が適切なのかどうか、などの判断の目安になれば幸いです。フィードバックを行うとき、実はその効果というのは色々な角度から考えていくのがベストなのです。

どこから手をつける？　フィードバック効果一覧

では左の表を、順に上から見ていきましょう。

まずは、**相手との関係**です。これは過去の実績や経験値、現プロジェクトにおける間柄。次にフィードバックのコンテンツ、**定性的な部分**です。ここは主にフィードバックループでもカバーしてきた内容（ファクトベースであることや与えられた感情を露わにする）や伝え方です。そして、**定量的な部分、**フィードバックの頻度や数は多ければ多いほど良いというわけではなく、絞ることも重要。タイミングはクリティカルです。相手の精神状態、己の精神状態（感情が高ぶっているときは避ける）について。同時に、フィードバックの「鉄が熱いうちに」も鉄則にしてよいでしょう。

そして、今回のケースに最も適しているお**互いの評価**。それもほとんどは外部評価です。これまでの経験に対して、称号や地位、年齢、役職などになります。残念なことにこの固定概念をクリアするのは一筋縄ではいきません。後で、なぜこのＴＩさんの例が難しい状況か改めて説明します。

図の○と×はご自身が今後行う上での難易を示すものだと理解しておいてください。もしフィードバックを行っていて苦労している場合、それを妨げている領域についての認知

▼ うまくいかないときは原因を探る

フィードバックをつくる要素	相手との関係	過去の実績・経験	×	過去に一緒に仕事をしたことがある、知人である、仕事以外でも何かコミュニティーなどでつながっている、など
		現在の共有時間	○	フィードバックにもクリティカルなデータポイントが必要なので、信頼度のレベルを測ることができる
	フィードバックの定性的部分	内容	○	本質を突いたファクトベースで役に立つ驚きやひらめき。実行の方法も詳細化している。単純明快かどうか
		伝え方・デリバリー	○	本書でも言及している「フィードバックループ」のような手法を用いて心に残るアプローチを体現
	フィードバックの定量的部分	絶対量と頻度	○	ある程度決まりごとをつくる。テーマごとに1回しかフィードバックをしない。1回のセッションで3つが限度など
		タイミング	○	相手がどんな精神状態のときを選ぶのか、プロジェクトに支障をきたさないか
	お互いの評価	経験に対する評価	×	フィードバックの重みはここで決まる。「この人によって」を形づくる要素で、受け手の反応に大きく関わっている
		称号・地位	×	
		年齢	×	
	仕事の最終的な結果		○	この結果が中長期のフィードバックの信憑性を左右する。プロジェクトの結果で人の心境は変化する。客観的に切り離して個人の貢献について語るのは非常に難しい

が必要になってきます。

そして、フィードバックもそうなのですが、「終わり良ければすべて良し」の如く、行うトーンやメッセージは、それを取り巻く**仕事の最終的な結果**が大きく影響することも覚えておくといいですね。

以上、このような要素が複雑に絡み合い、フィードバックの精度に影響を及ぼしていると私は考えています。

うまくいかない場合は、ぜひこの表で、ご自身のフィードバックを振り返ってみてください。

そして、もし×の部分がその原因であるなら、なかなか改善は難しいでしょう。本章では、そんなときのための手法もお伝えしていきます。

できることとできないことの境界線を知る

すぐに効果が出るもの出ないもの

フィードバックの精度を上げるためにはそれが何に対して効力を発揮するかを知っておく必要があります。その上で相手に臨むほうが断然結果が出ます。

例えば、GTさんがレポートの書き方が荒く、簡単な間違いが多い場合、フィードバックをした後に改善が見込める余地は高い。しかし、逆にその同じGTさんがレポートの提出日ギリギリにならないと作業を始めない、土壇場までサボる癖がある場合は改善が難しい問題となってきます。

そんなフィードバックの効果や変化が可能な事柄とそうでない難しい場合を表にまとめてみました。

先ほどのTIさんの例の場合は、正直ややこしく変化が起こし難い要素ばかりでした。

まず、「態度や心構え：上司に向かってタメ口や不作法」、そして「価値観：子供じみた考えでもOKというノリ」、さらには「性格：人を見下す」。

どれをとっても、フィードバックを行って即インパクトが望めるものではありません。

主に、フィードバックの精度という観点から考えると、スキル、仕事の向上、生産性アップ、タイムマネジメントや知識といった箇所が当たりどころだと思います。

逆に、フィードバックの変化が起こし難いのは考え方以下、人間力に関わる深い部分の領域になります。

こちらは一度フィードバックを行ったくらいでは形の上でしか改善は見込めませんので、別の方法での指導が必要になってきます。

▼ フィードバックで変化を…

○起こしやすい	×起こしにくい
スキル	考え方
仕事術	価値観
生産性	癖・習慣
タイムマネジメント	性格
知識	態度・心構え

くどくど繰り返さずに1回限り

そもそもフィードバックをするときの心構えで重要なのは「同じフィードバックは1回しかしない」という考えです。1回以上、再三に渡り相手に同じフィードバックをしていた場合、それはフィードバックとは言いません。特にこのTIさんのような場合は、しても1回。**関係性の悪化や、感情的な衝突など、マイナスなことが多いことも考慮するとそうなります。**

理想を言うならば、人は仕事を通じて自身が足りない部分を学び、フィードバックとはそれを一つひとつチェックリストの如くクリアにしていくことです。

例えば、一般的に数十個欠陥があった場合、新入社員研修からベテランになり、リーダーシップを取るまで、その足りない部分を直す。少なければ少ないに越したことはないですが、重要なのはお互いフィードバックについて同レベルのマインドセットを共有していることです。そう考えると、一つひとつのフィードバックの重みも違ってきますし、自身の成長の機会についても慎重に捉えるようになるのではないでしょうか?

フィードバックのルールを設定するとき、基本私は1回しか言わないよ、とまず相手に伝えます。心配はいりません、直すのが難しい点については別の人からも幾度となく類似したフィードバックが飛びます。

本当にフィードバックが必要なのかを見極める

なんでもかんでもすればいいのではない

よく自分の意見を相手に押しつけたいがあまり、フィードバックの要否を間違えてしまう人がいます。特に、アドバイス好きな思いやりの強い方、要注意です。良かれと思って行ったことでも裏目に出るケースが多々あります。

フィードバックとは主に目的が2つしかないのです。一つは褒めること。もう一つは改善を要求すること。ほとんどが後者になります。だからこそ、フィードバックは自分が意見を言いたいのか、それとも相手の役に立つのかを吟味する必要があるのです。

昨今はパワハラなど身に覚えのない嫌疑をかけられる可能性もゼロではないので、よりフィードバックの必要性の見極めも大切になってきています。相手はあなたの意見を真剣かつ敏感に捉えるのです。

いくつか例を出しましょう。この中で、あなたがフィードバックをするのは、どの場合ですか？

1. 先ほどの、GTさんがレポートの提出日ギリギリにならないと作業を始めない、土壇場までサボる癖の場合
2. TIさんの態度、価値観、性格にまつわる言動で、個別の事例は些細な、取るに足らない事柄ばかりの場合
3. フレキシブルタイムを導入している会社だが、自分が朝型なので、チームのメールが夜遅い、もしくは、チームの仕事が夜分に捗《はかど》る傾向をなくしたい場合
4. お客さんから態度に問題があるとクレームが来た場合。具体的には話しかける際に仰々しく、回りくどくなり、本題になかなか辿り着かない

「自分が言いたいから言う」になっていないか？

フィードバックを行う上で難しいのは、その意見が実際必要なのか、もしくは好みなのかを見極めることです。ここでの4つの状況の場合、フィードバックが可能なのは実は最

後のポイントだけだと思います。私であれば、それしかその場でフィードバックをしないでしょう。1番目の場合はフィードバックというより、早い段階でプロセスチェックをし、改善を図ります。2番目はフィードバックでは解決が困難な事柄なので、別の方法を考えると思います。3番目は対個人のフィードバックというより、相互の話し合いになります。

フィードバックだなと思ったタイミングで、クイックに次のリトマステストをしてみるといいでしょう。

・これは単なる自分が好きな、慣れている、嗜好（習慣）なのではないか？
・仕事のパフォーマンスやアウトプットと直接的な関係を特定できているのか？
・フィードバック後の考えうる改善点は明らかに効果へとつながり、それの確信を持っているのか？

フィードバックとは凡そセンシティブな事柄が多いので、それでも不安なときや50―50でわからないときは誰かに聞いてみるのが一番の方法です。

なお、GTさんのレポートの例だと、ギリギリで土壇場なのが「悪い」とは一概には言えません。結果がもし出ているのであれば、**それはＧＴさんのスタイルなのかも、**と検討してみることも必要です。また周りの人で、同じように期限ぎりぎりまでスタートしないけど、仕上がりやクオリティは高い人を想像してみるといいかもしれません。

もちろん限度や限界はあります。提出日の前日になって、数時間前に始めました、では決して良い結果など生みようがありません。そんな「現実的ではない」というポイントでのフィードバックはありえます。

ただ、因果関係の特定が難しい事柄は時間を見てからフィードバックをするか、なるべくしないが理想的です。多分、それでなくてもフィードバックがしたいテーマは山積みになっていると思いますし、選別するのにいい機会だと思います。

sidebar

パーキンソンの法則

時間を無駄にしないために

パーキンソンの法則という素晴らしい法則をご存知でしょうか？ 雑誌『エコノミスト』に1955年に登場したこの「観察」はその後、ビジネス界で実感覚として広まりました。先ほどの、GTさんのレポートの例の場合、ギリギリで土壇場なのが「悪い」というような判定はし難く、逆に前倒しが常に良いと思っている人に対してのアンチテーゼのような説明材料になりえます。

この法則の意味は、**「仕事は最大限利用可能な時間を埋める如く拡張する」**と定義されています。つまり、仕事とは「あれも、これも」必要で、それは考え始めたらきりがない。特に想像しやすい例はリサーチなどをするときです。3時間しかないときに調べものをして結果を出せというときと2日間あるときとを想像してみてください。

2日間ある場合、まず、キーワードやサーチエンジンで記事をできる限り集めよう、その後は最低10個の記事は読み込もう、まとめるのはそれを終えてからなど、たくさんのルールを作って時間を「悪用」してしまいます。

3時間しかないときは、まず専門家に聞いてみよう、から始める可能性が高いです。そこでショートリストしたアイデアを調べに行く。そうやって短時間で用を終える姿勢ができます。建設的で、実がある結果を生むのはもしかすると、この間の時間だけかもしれません。

もちろんどれくらい膨大な量のリサーチかを特定していないので一概には言えませんが、だからこそ細かい出来高をトラッキングしながら（クライアントが求める基準に照らし合わせる、もしくは、価値に訴求していることを確認する）通過点を設定するのが賢明なのでしょう。コンサルティングや投資銀行などでキャリアを積んだ人は、肌感覚でこの法則を学びます。

フィードバックは初めの数分が肝心

マインドフルに伝えるには？

あなたはフィードバックをするとき、普段どうしていますか？

・まず、5分の雑談トークを介しますか？　それとも、真っ先に本題に入るタイプですか？
・相手に話させますか？　それとも自分の話題で盛り上げますか？
・緊張感を持たせますか？　それともリラックスした気分になってもらいますか？

あるとき、アメリカに出張に行った際、イベントでマインドフルネス（瞑想）について学びました。会場に入るなり、いくつかのブースがあり、部屋を選ぶことができました。

テーマによって違うみたいで、私は初心者向けのほうへ足を運びました。

そこには長身のスキンヘッドの女性が部屋のセンターに立っており、周りには20席ほどの椅子とさらにその円形を大きく囲むように床にはヨガマットのようなものが配置されていました。

1分後、まず静かに彼女が話を始めます。

「目を閉じて。深呼吸をして。それを3回続けて。次にその呼吸に注目をして。体に残る日々の疲労に意識を向けて。体に痛みや違和感を感じたら、一旦そこで止めて。判断をするのではなく、観察、観察、観察。自分がどのように感じているかを第三者的に、浮遊した形で想像してみてください」

そして5分ほど経過した後、みんなが一斉に目を開けます。そして見知らぬ人たちが、なぜでしょう、より近しい人に感じるのです。一緒に何か不思議な体験をしたからでしょうか。

まずは相手の心の状態を確認

フィードバックもこれと同じです。初めの数分というのは相手の状態を探る良い機会なのです。ストレスを感じているのだろうか？　仕事の上で心配事があるのだろうか？　週明けでリフレッシュして元気いっぱいなのだろうか？と、複数のシチュエーションがありますが、肝心なのは相手が（今あなたに伝えようとしているメッセージに）聞く耳を持っているかどうかを確かめることです。

もし、相手に「心の余裕や平穏がないな」と感じたら、まさに馬の耳に念仏状態なので次回に持ち越すことが重要なのです。**肝心なのは冒頭で「何を言うか」に固執するのではなく、相手の状態にどのように合わせ、素直に聞いてもらうようにするか、**なのです。

フィードバックループでは第3ステップとして、感情の説明なども入り、センシティブな内容になるのがほとんどです。効果的に、相手に伝わる形を取るためには、ある程度このようなマインドフルネスが必要になってくるのです。

「何が何でも」と無理強いしない

実際、私がフィードバックに臨む際に心がけているのは、平常心になります。何かを言うときも、言い返されたときも、同じトーンで接するように心がけます。お互いの波長が合わさったときに、フィードバックは絶大な効力を発揮するからです。

例えば、開口一番に「昨日はよく眠れた？」は有効です。睡眠によって相手の状態がわかりますし（変わりますし）、「最近体調どう？」は人が一番気がかりな健康に意識を向けるのでフィードバックに入りやすいです。

もちろん、「今フィードバックするのに良いタイミングかな？」と聞いてしまうのも手です。何が何でもフィードバックをするという立ち位置ではなくて、波長が合えばやる、というようなノリで構えるのがベストです。同時に、伝えたいフィードバックに自分なりの期限を持っておくといいでしょう。

しかし、決してやらないのは、フィードバックのメッセージを相手の状況に合わせて変えることです。内容は常に一定していることをチェックしておいてください。**準備してきた重要な2〜3点について、そのまま曲げず、ありのままで伝えます。それが可能でない場合は、別の方法が必要だと判断してください。**

気まずいフィードバックはその気まずさゆえに、伝えたいメッセージを簡略化して伝える傾向があります。しかしそれをしてしまうと、せっかくの意図が台無しになってしまい、「相手のため」にならないのです。それを前もって回避するためにも初めの数分が肝心です。

フィードバックでの齟《そ》齬《ご》をなくす

ファクトでお互いの理解を確かめる

かねがね人は、お互いを理解できないことで絶え間なく争いを繰り返してきました。主張の論争にならないために、己だけに見えているファクトに留まらず、お互いが共通認識を持ったファクトだということを確かめるようにましょう。

その方法は簡単です。何かフィードバックをする際に、それに対して相手がどう考えているかをしっかりと卓上に並べることです。

例えば、ミーティング中にKFさんが携帯をチラチラッと見ていたとします。それがあなたの目にとまり、クライアントも不自然な視線を送っていました。クライアントは何も言いませんでしたが、不快に感じていたのは一目瞭然です。

そこであなたは注意をします。フィードバックタイムのときに、そのことを述べます。

すると、案の定、彼のリアクションとして、仕事のメールをチラッと見ただけで、重要なテキストも打ってないし、行為もすぐやめた、という返答が戻ってきました。彼としては、そんな些細なことを注意されるのはおかしいという感覚です。

こんなときこそ、ファクトを並べる良い機会です。ファクトといっても、あくまで個人の観察結果なので１００％断定的なことは言えません。とはいえ、このように映ったという描写としてしっかり意を込めて伝えてください。**お互いの認識を擦り合わせようとするのとそのままフィードバックを終えるのとでは後々のインパクトが違います。**

ここでお互いのファクトを積み上げることと、それを立証する行為に出ます。重要なのは、第2章で紹介したフィードバックループを思い出していただいて、その行為が自分や相手にどのようなネガティブな影響をもたらすかを述べることです。ファクトは同じでも受け手に対して「こう見える」「感じる」は説得力がある材料になります。

無論最終的には共通認識されない箇所もあります。それでも意見の相違が起きないようにできるだけ配慮することが大事なのです。言わば、「できる限りにおいてお互いのファクトを近づけ、寄り添うことはできた」。それが理想的かつ効果を生む姿なのだと思います。議論をし、折り合う点を見つけられない場合でも、諦めず、努力することがフィードバックのより良い結果へとつながることを覚えておいてください。

5WHYで認識のズレを擦り合わせ

フィードバックを行う際に、遊び心を持つことも重要です。真剣、深刻なフィードバックにこそ、少し工夫を凝らした形を演出するのが大事だと思います。

問題解決の手法の一つとして5WHYというものが存在します。通常、問題解決の過程ですと、この5WHYは原因究明のときに使用される手法です。

例えば、「目標に対して企業の業績が伸び悩んでいる」というときの理由として深層に眠る真因を探るときに使用します。「なぜ」を幾度も聞くことに真実により近しい答えを出そうとします。

このようにフィードバックをする際に、原因究明をするのは大事です。先の例でミーティング中にKFさんが携帯を見ていたことは、あなたとKFさんで明らかに認識の乖離が生じています。KFさんの、「こんな些細なことを注意されるのはおかしいという感覚です」の後、引き続き、フィードバックにおける議論を進めてみましょう。

彼の言動の理由は何でしょうか？ **なぜ、**彼はミーティング中に携帯を見る行為に至ってしまったのでしょうか？（「些細なことで」の温度感も気になりますが）もしかすると、KF

さんにとって携帯を見るという行為に悪気はないし、悪くないと思っているからかもしれません。

では**なぜ、**彼は悪く思っていないのでしょうか。それは、実際に別の関係ない仕事を行っているわけではなかったから。では他の仕事を行っていないことが、**なぜ、**マナー違反ではないのでしょうか。彼はクライントからフィーをいただいているからその時間分は別の作業はしないと決めているからだとしましょう。

では、注意散漫になることはOKなのでしょうか？**なぜ、**彼はこの状況をただクライアントありきでしか考えていないのでしょうか？それはクライアントの面前だったからそう考えたのでしょう。

しかし、そもそもミーティング中に携帯を見る行為が気をそらし、ルール違反という議論に発展してもおかしくないのでは？さらに断言してしまうと、プロフェッショナルとしての素養が欠ける、になりかねないのです。それは会社ブランドとしての信頼へ、そして自分の信用を失うに等しい、とつながっていきます。

「些細なこと」ではないということが、なぜをたくさん繰り返すことで、もしかすると、KFさんにも届いたかもしれません。

なかなか改善できないときの原因究明にも

5WHYの活用が特に有効な場合が、もう一つあります。それは、フィードバックをもとに正しいアクションを取ったにもかかわらず、一向に改善ができていない状況のときです。第2章でも少し触れている通りです。

例えば、レポートの「うっかりした間違い＝ケアレスミス」が改善されないとしましょう。これは実際にあった話なのですが、WHYを繰り返していくと、その原因は、プレゼン（成果物）をぎりぎりに上司のところに持ってくる習性があったからでした。

そこで、「二度読む」「印刷をする」「赤線を引く」「声に出して読む」など様々なその場しのぎの解決法（絆創膏を貼るイメージ）は二の次であることが判明し、やはり、その方の場合「一日前に終わらせる」。そして、一晩寝かす。次の日に頭脳明晰な状態で臨むことによってミスを大幅に減らすことが可能になりました。

なまじ中途半端な形でフィードバックを終わらせてしまうと、相手にとって有効な方向が導き出されずに終わってしまいます。それはお互い時間を費やす身としてももったいないのです。**真因を探る、**を念頭に置きながら次回臨んでみることをお勧めしたいと思います。

ローパフォーマーへのフィードバック

自分の傾向を把握しておく

最近私は仕事の知人にこんなフィードバックを受けました。**「服部さんってケイパビリティが低い人、あまり見抜けないよね」**。割と辛辣なコメントだったので初めは少しムッとしましたが、その夜振り返ってみると、「案外そうかもな、一理あるな」と思いました。

私の一つの大きな欠点というのは人を信じすぎることにあります。「この人できないかもなぁ」と思っても、チャンスを与えます。しかし、逆に言えばその人のことを過大評価してしまう。なぜ、そうするのか？

そのフィードバック後に考えてみた結果、格好良く言うと、自分ができないことをたくさん乗り越えてきたから。不可能なことはあまりないと思っていて、努力をすればよいと思っているからです。「できない↓でも信じ続けて↓努力して↓できた！」の連鎖です。

私の場合、人は環境によって良くも悪くもなり、誰もが可能性を秘めていると思い込んでいるフシがあります。

格好悪く言うと、幼少の頃からヘマをするたび、詰めが甘い、抜けている、などと「マイナス点」をひどく親から指摘され、大人になったときにそれがコンプレックスになってしまったのかもしれません。あえて人のマイナス点を見ようとしない。もっと根本的には、人に嫌われたくないというのもありますが、その点は人として皆持ち合わせているものであまり独特ではない気もします。

結果、先述の2つの自分が混同してしまい、自分に対するハードルを常に高く持つようになり、人に対するハードルが低くなりがちになってしまいました。

私はそれに気づいた後、対策としてローパフォーマーにどう接したらよいかをさらに追求するようになりました。ちなみに、予防策としてチームに誰かを入れる、採用するときにその人が非常に優秀である点にもこだわるようになりました。

そもそもローパフォーマーとは？

先日別のコンサル会社に勤める後輩がチームメンバーのパフォーマンスやアウトプット

▼ ローパフォーマーとはどんな人？

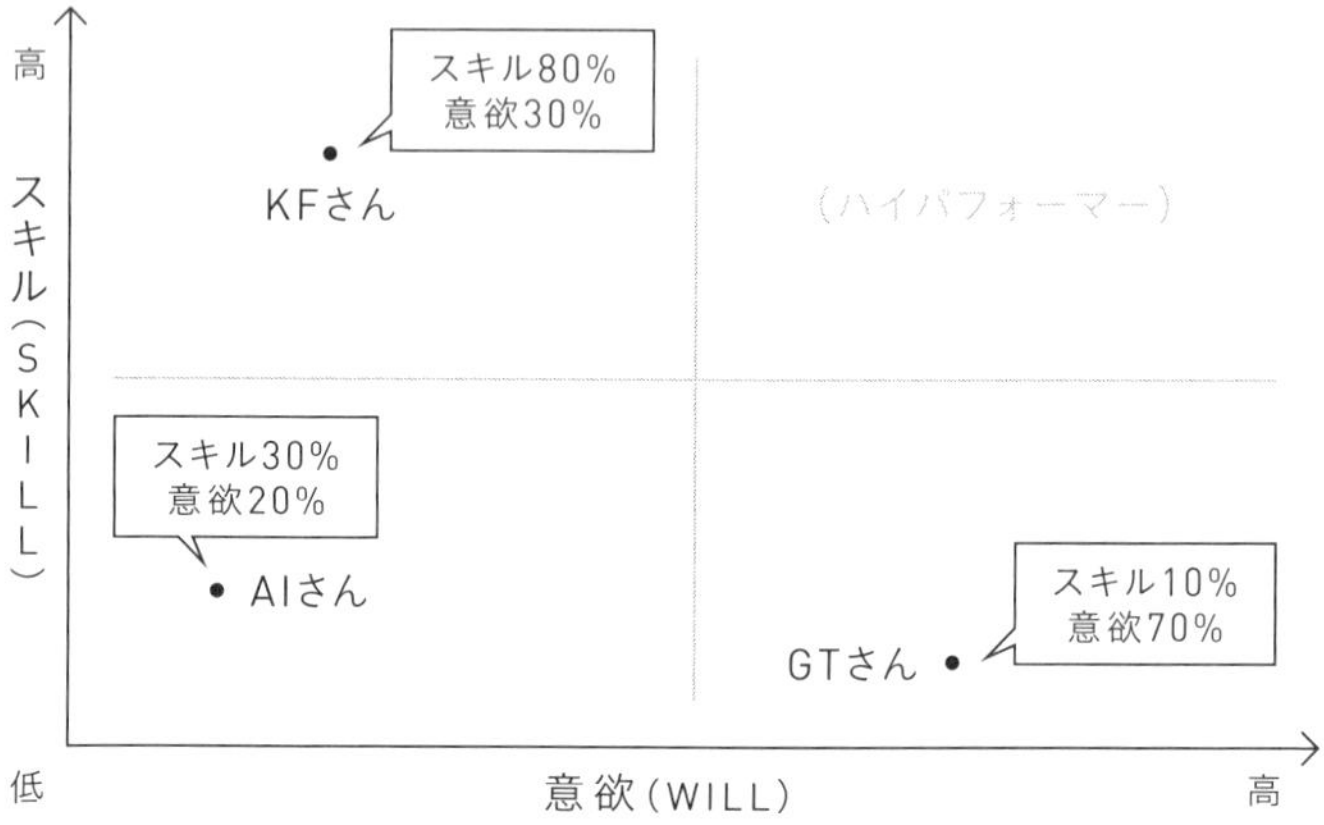

に悩んでいました。まず、その対象のチームメンバーは典型的な「ダメな仕事をする人」でした。ミーティング中に居眠りをしたり、お願いした仕事の半分を忘れたり、勤務態度にも問題があったり、盛りだくさんの問題児だそうです。

「辞めさせるしか、ないかな。もう1年以上経っているし」と持ちかけてきました。実際ローパフォーマーともなると、複雑に入り組んだ問題が重なり合っています。それらを一つひとつ解きほぐすのには時間がかかるのです。

まず、ローパフォーマーというのはどういった人を指すのか、を見ていきましょう。ローパフォーマーにもいくつかの種類があります。まず、意欲vs.スキルの対比を表した図で説明します。

例えば、あなたの職場にこの3名のKFさん、AIさん、GTさんがいるとしましょう。KFさんのスキルは高いのですが、仕事に対する意欲があまりありません。AIさんはスキルも意欲も欠如しています。一概には言えませんが、先ほどの問題児のような気もしますね。GTさんは仕事に対し意欲旺盛ですが、必要なスキルレベルに到達していない状況です。

3人ともパフォーマンスとしては低く、一見誰もがローパフォーマーに映ってしまうかもしれません。しかし、私は**「意欲もスキルも低い人を指す」**と認識しています。その場合、当たり前のようですが、スキルもしくは意欲のどちらかに解決の軸を見出すのが難しくなります。いちいち、パフォーマンスが低い根源を考えてしまい、考えれば考えるほど、わからなくなるのです。

フィードバックでは解決しない場合も

逆にローパフォーマーに必要なのは、フィードバックと併せてパラダイムシフトだと認識してください。パラダイムシフトというのは、発想の転換という意味です。

職場環境であったり、職種であったり、新しい上司であったり（そうです、あなたではなく）、割と抜本的な議論になると思います。

とはいえ、それを仕事始めの3カ月や6カ月後に議論してしまえ、と言っているわけでもなく、そこにはいくつかの段階を経て辿り着くものだと思います。フィードバックでそのシフトを起こせるかもしれませんが、その人が今いる状況や世界のままでは難しいかもしれません。その準備期間として、まず上司であるあなたが、その人に対して、

・既にどんなフィードバックをしてきたのか？
・どの程度徹底してきたのか？
・改善された部分はあったのか？
・個人として、会社として続けるメリットは？

などを自問してみるといいです。**十分フィードバックを行ってきた上で、難しいようであれば、より抜本的な対策を講じることになっても、後悔はないでしょう。**

大抵の場合、ローパフォーマーにフィードバックをする場合は、気まずく、ぎこちなくなりがちです。相手はフィードバックを必要だと認識していない、限界を感じていない、など、楽しい環境とは真逆な「嫌な気持ち」になることも多々あります。

しかし、部下のためを思えばこそ、そんな気持ちを抱えながらも伝えて理解してもらう、これはリーダーの条件でもあります。

スターパフォーマーへのフィードバック

できる部下にはどう接すればよいか？

スターパフォーマーとは文句なく結果が優秀な人のことを指します。先ほどのスキルと意欲の図で位置するのはまさに、ハイパフォーマーのブロックの中でも右上端の片隅に存在する人です。よかったですね、そんな部下を持った日には左団扇です。

部下のやりたいように、思いつくままにやらせて、仕事の自由度（と責任）を上げていく、という手法でしょうか。もちろん、仕事上はそのままDo what you do best を貫いてもらいます。

しかし、そんな方に出会ったあなたは、いったいどのようなフィードバックを行っていますか？

1．文句のつけようがないので何もしていない
2．褒めを重視している（自然にそうなってしまう）
3．実は一番悩んでいる。上司として脅威すら感じる。結果、あまり建設的にフィードバックを行っていない
4．逆にアップワードフィードバックも積極的に受けている

この質問をすると、あなたの器すら伺えてしまうので、あまり大声ではできないのですが、良き上司というのはいかにそんな人を伸ばし、会社やチームへの貢献を広げていくかを念頭に入れてフィードバックを考えます。

器が小さい上司は、1、3に留まり、積極的にスターパフォーマーへの後押しができません。嫌われるのを恐れる上司は2をやります。

私自身、おこがましくも昇進階段を駆け上がる際に幾度かこのスターパフォーマー的なレビューをいただきました。それと同時に、周りの後輩には優秀な人も多かったので、そんな彼らにいかに自分自身が先輩枠や上司枠から淘汰されないようにすべきかも考えました。

そこで発見したことは、上司であれ部下であれ、**できる人ほどフィードバックが欲しい**という発見です。それを活用した上手なフィードバックの方法がありますので、ここで共

有したいと思います。

誰でも必ず一つや二つ改善点はある

仕事ができる人はそうであることを大抵は自覚しています（あなたもそうなのでは？　どうですか？）。もちろん駆け出しの社会人1年目は別として、仕事を数年続けていくと誰しも仕事の充実や実感、周りの評価と実績というものが一定の形で自信というものに変換されていきます。

よく理解する、飲み込む、実践する、修正する、結果を出す、などが共通しているテーマといったところでしょうか。特に仕事ができる予調となるのはあなたのラーニングアジリティ――継続的にスピード良く学んでいく姿勢――だと私は思います。

しかし、できる人はその評価をもらい続け、年を重ねるとその栄光からくる一つの呪縛にかかってしまいます。それは「勝者の呪い」のようなもので、**常に勝ち続けてきた、高評価をもらってきた人は、ネガティブなフィードバックに対して非常に敏感になっていくのです。**そんな勝ち組の人たちに的確なフィードバックを行えば効果覿面です。むしろ感謝さえされてしまうかもしれません。

スターパフォーマーでも必ず一つや二つは改善点があります。そして自分ができるということを知っている人は、往々にして自分ができない箇所の検討がついています。自分がよく見えているのです。そもそも自己査定や反省が入念に行われているから、その人はスターパフォーマーなのだと思います。

初めはその人の輝かしい姿に魅せられて、その要素はカムフラージュされ、見えにくくなっています。しかし、よくよく観察していくと、その人の至らない点が鮮明に映し出されてきます。ついでながら、その改善点はその方に長期につきまとっているテーマであることがほとんどです。

例えば、私の場合はフィードバックや叱られることに対してのガラスのような割れ方と反応でした。フィードバックをもらう際に私はそれを「仕事上のフィードバック」と割り切ることが苦手で、「私個人にあてた攻撃」のように捉える傾向がありました。すると、どうでしょう。フィードバックに対する防衛システムが敏感に反応し、弁護や答弁が得意になってしまいます。それを堪えることの大切さをフィードバックを通じて学びました。

最近の例ですと、あるスターパフォーマーがチームに加わりました。アウトプット、スピードとクオリティすべてにおいて突出した方でしたが、シニアなクライアントの前に出て意見を述べることが他の能力水準に比べると劣っていました。

▼ スターパフォーマーとはどんな人？

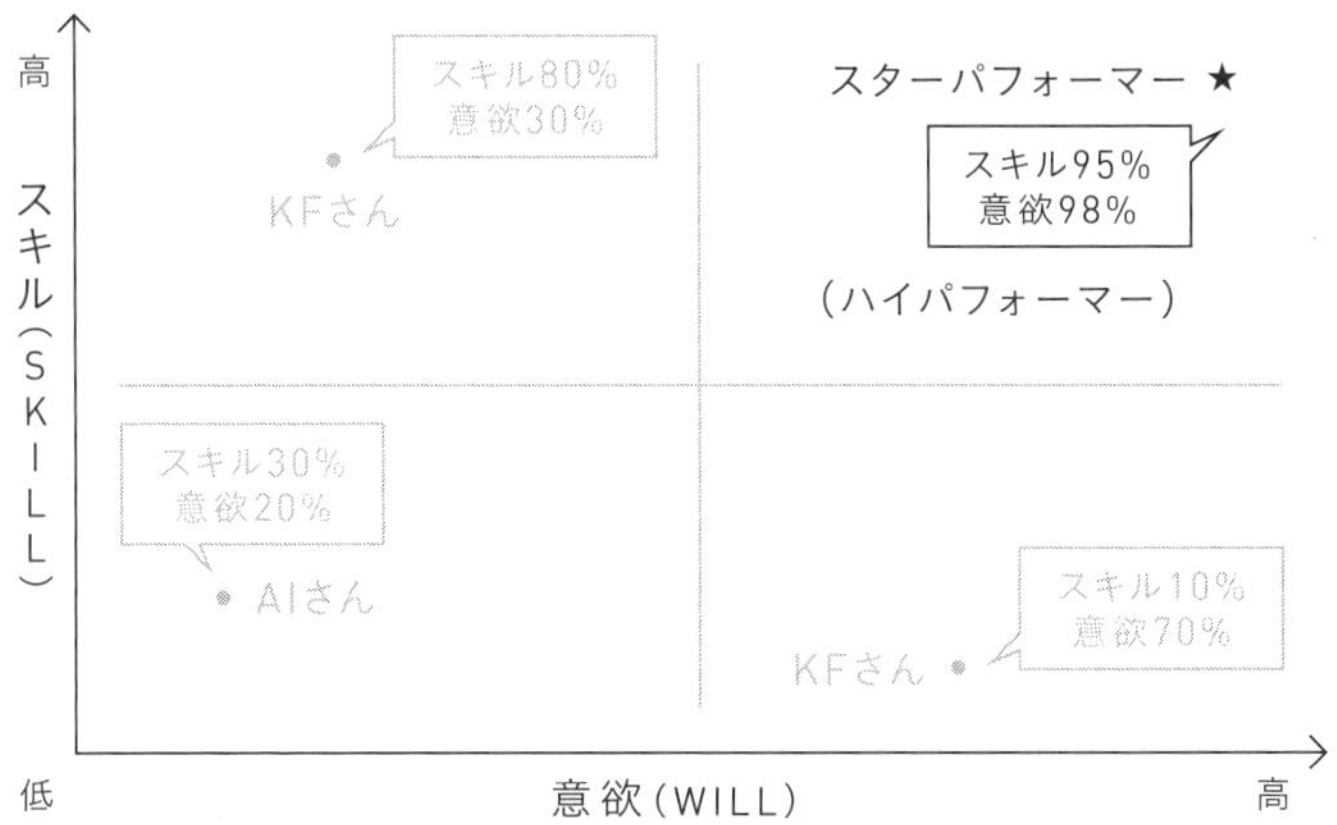

別にそれがまだ彼女の役割として必須ではなかったのですが、次のステップとしては超えないといけないハードルです。プロジェクトに入って3日後くらいにその点を指摘したら、彼女はその通りですと理由や彼女なりの工夫など試みていることを述べてくれました。

　スターパフォーマーの場合、あまり時間をかけず、**改善するべき点を早期発見して、「的中させる」**ことが大事です。容易に相手からの信頼や尊敬を勝ち取れます。

　ここで差別化を狙って新しい発見や、説明・説得が難しい改善点を伝えようとすると、逆に仕事へのインパクトはネガティブになります。たとえ気づいても後に回すことが気の利いた上司の役割です。

まず、フィードバックをしてもよさそうな一つ二つの指摘で安全牌を切ってスターパフォーマーへのフィードバックに臨むと、以降、割とスムーズに進むことが多いです。

強みを「スパイク」へ

もう一点、スターパフォーマーが喜ぶのは**強みをさらに強くする**ことです。このことを英語ではサッカーシューズの裏側にあるトゲトゲの部分の「スパイク」と呼んでいます。長所は誰もが自慢したいものです。この競争社会でさらに上を目指すのなら、スパイクを増やすことが必要です。

実際、今の若いスターパフォーマーは長所をたくさん持ち合わせています。しかし、どれを伸ばせばよいのか、不安になっている場合が多いです。同時にあまり役に立たない長所を得意だからといってどんどん伸ばしていってもあまり効率的ではありません。

フィードバックのやり方としては、今回のパフォーマンスやアウトプット、スピードなどの優れている部分を述べた後に、一つひとつに対し、さらに何ができるかを述べてあげることです。

例えば、ある人がサマリーを書くのが非常に上手だとしましょう。そこで、まずその部分を認めた後に、その中でも特段に良かったものを複数持ってきて比較し、一番良いものに対してなぜそう思ったのかなどを述べたり、また別の仕事で見てきた良い例を見せてあげるのもよいかもしれません。

書籍やTEDのスピーチなどを勧めるのもよいでしょう。ざっくばらんにここを引き伸ばしたいのだが、どう思う？ 日々何か特別なことをしている？ なんて聞いてみるのもよいと思います。

また、もしその能力について、あなたより数段優れているのであれば、反対にアップワードフィードバックとして、アドバイスをもらうのもありだと思います。

最終チェック。ハロー効果はないか？

最終的にスターパフォーマー対策として、まず相手がどの部類に入るかを見極めることが重要です。相手の能力を過大評価すると、いずれ後悔することになります。そのため、ハロー効果という概念を知っておくと便利です。

ハロー効果というのは認知バイアスの一つで基本的な誤りのことを指します。俗に言う、**「人の買いかぶり」現象**です。これは人が犯しやすい単純な誤認で、例えばハリウッドの映画スター（トム・クルーズやブラピなど）がハンサムだから頭も切れるはずと勝手に認識してしまうことです。出演している映画でも英明果敢な役柄を演じているので、そのイメージが後押しされます。

またビジネスでは、米ウォルマートのようなディスカウントストアは、すべての商品が破格の値段で売られていることを全面に出すため、商品の一部を他社とは比べものにならない安い値段で売っています。消費者はそのバイアスに騙され、多くの商品を買ってしまうわけですが、実はすべての商品が一律に値引きされているわけではありません。

人の評価に対するハロー効果で一番大事なのは、**別の人のポジティブなフィードバックや昨年の評価などをあまり参考にしないこと**です。難しいですが、その方のデューデリジェンス（調査）をしている際には参考にしても、プロジェクトや仕事やチームが編制された時点ですべて「一旦白紙に戻す」作業をすると効果的です。

私が好きな宮崎駿監督の傑作、『もののけ姫』で長老の巫女、ヒイ様がアシタカへ旅立つ前に言った台詞の一つで、「曇りなき眼で見定めろ」というのがあります。まさにそれです。

的確なフィードバックのためのインフルエンス

相手を導くための、あと一押し

最近虎の門ヒルズの近くの鯛めし屋でマッキンゼー時代の友人と会食をしました。以前はシニアパートナーをやっており、今は各方面で個人のコンサルタントとして活躍中の彼はある業界のCXOレベルのほとんどのメンバーをファーストネームで呼べる間柄です。そして、たくさんのリーダーを見てきました。

彼曰く、**「良いCEOとそうでない、良いBUヘッド（部門統括部長、本部長）とそうでない、良いマネージャーとそうでない、良いビジネスパーソン一般とそうでない人の一番大きな差はこのインフルエンススキルにある」**と言います。どのポジションでも共通して見えてくる問題というのが、「相手を導くコミュニケーション」なのです。

インフルエンスの手法にはいくつかのタイプが存在するのをご存知でしょうか。私が習った場所では、これを**インフルエンスレバー(Influence Lever)**と正式には呼んでいました。レバーというとテコの原理を想像する人が多いかもしれません。しかし、どちらかと言うと把手や操作ハンドルみたいな意味合いのほうが妥当かもしれません。

使いこなせていない、もしくは、奥深くに眠っているようでは、大きなアドバンテージの機会を逸してしまいます。

影響力を増すための7つのレバー

まず、インフルエンスレバーはその働きかけ方によって、ポジティブとネガティブに分かれます。両方とも相手に変化を求めるという意味では同じですので、当然の如くポジティブなレバーのほうが多いですし、使い勝手が良いです。左がそのリストになります。

▼ポジティブなインフルエンスのためのレバー

1. オーソリティー(Authority)地位、名誉、権力
2. エンパシー(Empathy)共感力、感情
3. ロジック(Logic)論理的思考全般

4. カマラデリー(Comradery) 仲間意識、輪、ハーモニー
5. リワード (Reward) 賞金、賞与、インセンティブ、旅行
6. ロールモデル (Role Model) 率先垂範

▼ネガティブなインフルエンスのレバー

7. スレット (Threat) 脅し、詰め

インフルエンスレバーはこれ以外にもたくさん存在しますが、特に職場のフィードバックで重要度の高いものを選択しました。そして大切なのは、いつ、どのレバーを使うと、最適にコミュニケーションを運べるかを理解することです。

ほとんどの人はこのインフルエンスレバーを見ると、自分がこれまで偏っていたことに気づきます。通常ですと、1~2の手法を使いながらフィードバックを行っているはずです。また、フィードバックといえば、「3. 論理的」な形でしか存在しない、というのが暗黙のルールとなっている人もいるでしょう。でも、**本当に有効なフィードバックをしたいと思ったら、もっと多くのインフルエンスレバーを駆使すべき**なのです。

では、事例を使用しながら一つずつ見ていきましょう。

冒頭でお話をした私がＴＩさんに苦しめられた経験に戻りましょう。ＴＩさんのように価値観、態度、癖や習慣、社会人としての考え方などの項目に当てはまる事象でフィードバックをする場合、まず難しいということを理解するよう述べました。それでも、コトが悪化していく気配があり、差し迫った状況にある場合、７つのインフルエンスレバーのうちどれが有効でしょうか？

まず、初めに排除してよいのが、**「3．論理的」**なフィードバックを試みる、です。論理がコンサルタントでも通じる場合とそうでない場合があります。もちろん、使用してもいいですが、あまり結果を期待せずにやることが大事です。特に、相手が意図的にしかけている場合、論理は無効だからです。

「2．共感」というレバーを使うためには前提として、相手がまず自分に対してオープンでないといけません。相手があなたに聞いてほしいと思っている姿勢が伝わってこないといけませんので、ＴＩさんの場合は無効です。

「4．仲間意識」のインフルエンスを使う場合は、徐々にチームで囲い込みながら、例えば4～5人いるプロジェクトやチームであれば、チームラーニングなどの場で使用すると効果的です。そこでお互いにフィードバックをして、複数のデータポイントの「重なった意見、同意見」で説得するという効果に期待します。

▼ 7つのインフルエンスレバー

1	2	3	4	5	6	7
Authority	Empathy	Logics	Comradery	Reward	Role Model	Threat
地位・権力	共感	論理的	仲間意識	報酬	率先垂範	脅し・強制

もう一つ、このレバーは「チームとしての動き方や考え方」を強調したいときに有効です。往々にして、フィードバックは一対一になりがちなので、「自分だけが言っているのではない」というスタンスを明確にすると説得力が増します。

「5．報酬」というのは、フィードバックにおいて、「その行動を直すと、直接にメリットがありますよ、例えば昇進へつながる」などです。その場合、行っているアクション、改善すべきアクションとリワードとのリンクが割とはっきりしていないと成立しません。TIさんの場合、その目的がまだわからない以上、レバーとしてはまだ得策ではないでしょう。

ロールモデルとしてフィードバックを行う、というか、見せてみるのはどうでしょうか？**「6．率先垂範」**とは言葉で言うのではなく、自身のアクションやアウトプットで見せる。そこで、相手に認めさせる、ないしときにはギャフンと言わせる。これは、TIさんの状況では効果的かもしれません。山本五十六元師の、「やってみせ　言って聞かせて　させてみて　褒めてやらねば　人は動かじ」。そのやってみせの部分を強調することです。相手より明らかに優れたスキルがあれば、それを見せつけて黙らせてしまいましょう。

最後に**「1．地位・権力」**を使い、正す。これは上司の特権ですが、よほど窮地に陥らない限り、使用を避けるべきです。このインフルエンスレバーを引いてしまうと、どちらかと言うと相手の思う壺になります。これを振りかざす人は、その狙っていた効果と引き換えに後で大きく信頼を勝ち取らないといけません。

ネガティブなインフルエンスレバーは1つだけなのですが、この**「7．脅し・強制」**のカードを出すときには大抵ポジティブな要素をすべて使い切った後です。ただ、アンダーパフォーマー（業績不振の人）にフィードバックをするときには有効です。もう後がない、というのを見せるための必需品と言えます。

同時に豆知識をもう一点。通常、単純作業と（知的）複雑業務でインフルエンスレバーを分ける必要があります。以前読んだダニエル・ピンク氏の著書によると、単純作業をしているときの人間というのは、罰や脅しを通じて「良く働き、結果を出す」。その反面、複雑業務に取り組んでいる人は褒めやリワードで「良く働き、結果を出す」という研究結果があるのだそうです。[*10]

いかに納得や腹落ち感を引き出すか

TIさんの場合、フィードバックを行うのはあまり適切ではない（限定的）というのが私の判断です。インフルエンスレバーを考えたときに使用可能な要素が**「1．地位・権力」**と**「6．率先垂範」**または**「7．脅し・強制」**と踏んだからです。「4．仲間意識」を使いたいところですが、私がチームに途中参加ということもあり、もう少し時間が経たないと機能しないので、選択肢から除きました。

なお、この「1．地位・権力」には、「自分もこうしてきたから、こうなんだ」といった説得の仕方も含みます。経験値をベースにした偏ったアドバイスになってしまうと、相手はなかなか納得できないので要注意です。

ちなみに「2．共感」は第2章で紹介したフィードバックループでも登場します。相手の話を積極的に傾聴し、また相手の気持ちや立場にたってフィードバックを行うというインフルエンスの一つです。話をよく聞く（例えば、話を真っ先に否定せず、最後まで聞く）といった手法レベルに留めるのではなく、現場感があり、お互いの立場を理解しながら、諭すことができるレベルを指します。

ただ、共感でやってはいけないのが、「そうそう、昔自分もそうだったんだよね、だからできないのもわかる」といった肯定的なフォローを入れることです。相手と自分は同じ土俵やレベルではないことを確立していかなければなりません。そんなところで自分の過去を餌に共感の姿勢を出してしまうと、フィードバックとしては相手に不必要な安堵感を与え、改善へ向けてのステップを遅らせてしまいます。

ＴＩさんの例でも同じです。「そう、同じく、私も昔、嫌な感じの人がいて、その人には真っ向から勝負を挑んで意識合わせしたんだよね」みたいなことを言ってしまうと、相手がプロとして欠けている部分を逆に肯定してしまいます。

すると次回も、そのまた次も、別の環境でその人は、継続的に誤った考え方で相手に臨んでしまうかもしれません。そうではなく、**ここでは大人の対応しか通用しませんよ、**というのが適切なメッセージなのです。

このように、インフルエンスレバーは、相手に納得や腹落ち感を引き出すために一番効果的な方法を選ぶことに意味があります。肝心なのは相手がアクションを起こし、変化へとつなげていくことなのですから、その変化を起こす確率が一番高い方法を選んで挑戦してみてください。

sidebar

ネーミングの重要性

最近、エグゼクティブコーチングで手法の一つとして教わったのが、ネーミングの効果です。人がある芳しくない心理状況から抜け出すために有効なのだそうです。

そのコーチによると、人は普段、「なぜ自分がそのような精神状態に陥ったかの真因を探ることに時間をかけすぎている」。逆に、「いかに迅速にその悪状況から脱出するかに焦点を置くほうが断然効果的」なのだと言います。ネーミングというのは、自分や状態に名前をつけることで、いつでも、どこでも意識して理想の状態に戻れる魔法の呪文なのです。

ちなみに私がよくよくよしたり、ネガティブな考えに陥ったりしたときのネーミング（脱出法）は『けろけろけろっぴ』です。そのキャラをイメージするだけでいいのです。考えすぎに困っている人に特に有効かもしれません。

フィードバックを行うときも、なぜ効果がないのか真因を探ったら、できるだけ早く先ほどご紹介したインフルエンスレバーを使用して、状況を改善するアクションに移ることが重要です。より着実に相手の変化へつなげていくことができるはずです。

感謝の念を込めたフィードバック

できているところに着目する

前著、『47原則』（ダイヤモンド社）でフィードバックについて書いたときに、サンドイッチの手法について触れました。要約すると、フィードバックをする際に相手に「良いことを言って」「改善点（悪い点の指摘）を伝え」「良いことを言って」終える。サンドイッチのように上下キレイな食パンのスライスで包み込むと相手は喜ぶというものでした。以前、私が大先輩から学んだ手法です。

そちらで触れなかったのですが、この「良いことを言って」のフィードバックを探すときに、日ごろの感謝の念を込めてというやり方があります。ここで紹介したいのは、Appreciative Inquiryという組織の良い点（問題点ではない）、可能性、あるべき姿にフォーカスした手法をフィードバックに応用した方法です。

これは米国のオハイオ州の大学教授等が1987年に提唱したモデルで[*11]、それまで問題解決型で「足りない点やイケてない点を洗い出す」に特化していた組織や企業の改善方法のあり方についてメスを入れました。

逆に、彼らがフォーカスしたのは組織、チームや人のポジティブな要素で「既にできていること」。組織の可能性や新しいアイデアに着目し、**問題ばかり漁るのは効果的ではない**と判断したのです。

強みをさらに伸ばすステップ

そこで重要なのは質問の仕方です。質問こそが、その未来の形を自然と作ってしまう、と彼らは考えました。フィードバックへの使い方はシンプルです。ワークショップなどで試した結果で立証済みなのですが、

1. まず、日ごろ相手の行動や行為で感謝していることを考え、述べます。今週この人と仕事して何が助かったのか？　最近、一緒に仕事をして感動したことはあったか？　ちょっとした気遣いでも構いません。彼や彼女に感謝していない人などいないのです。

ただ、フィードバックのタイミングになるとそれを忘れ、弱みや改善点にすっ飛んでしまいがちなだけです。

2．次にそのポジティブな要素をさらにこうしてほしいとか、もっとしてほしいことを伝えます。例えば、「ＸＧさんは予定をいつも前もって入れてくれて非常に助かる。できれば、その内容の粒度をもう一歩高めて書き込めるとさらによい」

3．そのプロセスの考え方、やり方の応用を一緒に考え、可能性を探り、アイデアを膨らませます。「そのためには、会議の内容の把握やトピックの理解が必要だから、その日のうちに書き込んでしまうと効果的」

4．最後にあるべき姿を確立する。「簡単に言うと、書き込み→詳細→その日のうちに→復習、という形を取るとベストかもしれない。もちろん、一例だけどね」

といったような形です。

経験の浅い若手にも効果的

例えば、仕事のアウトプットや内容ではまだまだの方がいたとします。でも、毎日のスケジュールの段取りや事前メールに関しては非常に良いとします。とすると、気が利いている証拠ですよね。

そんなポジティブな要素をただ、「それはいいね」というだけではなく、「それに対し、感謝している」と述べる。そうなると一段とそこを重点的にフォーカスできるようになります。

次に、そのスケジュール周りが得意な理由はなぜかな?と聞いて一緒に考えます。それを仕事のアウトプットに応用できないか?

スケジュール周りが得意な人はプランニングを考えている人が多いです。前もって何をすべきかを考えている。もう一つはテキパキ、すぐに行動を起こせる人。スケジュールをカレンダーに入れていき、後回しにしない。そんな利点もあるかもしれません。そのプロセスを洗い出し、仕事の内容のアップデートやアップグレードに使います。

まとめ　フィードバックの精度を上げる

この章では、フィードバックの精度を上げる目的で、私がこれまで実際に仕事の現場で学んだ教訓も含め、様々お伝えしました。

突き詰めるところ、**フィードバックで大切なのは、信頼、インフルエンス（影響力）、コンテンツ（フィードバックの内容、ひらめき、洞察）、とデリバリー（コミュニケーションの方法やプロセス、フィードバックループ、チームラーニングも含む）**だと私は思います。

しかしすべてが独立した変数ではなくて、適切に関連している複合的な関数（方程式）になります。

例えば、信頼が低い場合や仕事をしてまだ日が浅い場合はデリバリーの手法に重点を置きながら進めていくよう努力してみます。信頼が低い状況でどれだけ心に刺さるフィードバックの内容を相手に伝えても、威力が半減し、良い結果につながりません。インフルエンスの理解をしておくだけでも、自分に託されたツールと展開の領域が広がり、様々なフィードバックの局面で妥当な判断を下せるようになると思います。

大きなチームを率いていて、メンバーの誰かにセンシティブなフィードバックを伝えないといけない。そんなときこそ「仲間意識」のインフルエンスレバーを引いて、一対一でのフィードバックを回避しながら上手に相手を動かせるかもしれません。

フィードバックは相手の反応を見て臨機応変に対応しなくていけません。だからこそ、事前フィードバック（チームラーニング）やフィードバックループなどを駆使しながら、ある程度のコントロール法を自分なりに持っていることが望ましく、それが良い結果へとつながると信じています。

ただ雑談トークで終わってしまっては、お互いの貴重な時間がもったいないです。やはりフィードバックを行う一番の動機として、「評価」ではなく「成長」へ舵取りができていることです。そこには相手の入念な観察から始まり、アクティブリスニング、感情からアクションへとつながり、お互い、チームでさらにハイパフォーマンスを目指す姿を理想の形としている熱い思いがあってもいいのではないでしょうか。

おわりに

「人間の本性というのは活発な働きであり、それは同時にすべてのものの本性なのです。生きている限り、私たちはなにかをします。しかし、『私はこれをしている』『私はこれをしなければならない』『なにか特別なものを得なければならない』と考える限り、実際はなにもしていません。（中略）なにか特別なことをしようなどとしないとき、そのときなにかしているのです。自分のしていることになんらの考えも持たないとき、そのときなにかしているのです」＊12

坐禅の修行にはそんな意味を含みます、と1971年に他界された鈴木俊隆先生は、そうおっしゃいます。以前、私はこの尊い言葉に触れたとき深く感銘を受けました。フィードバックについて、最後に言い残すとしたら、このエッセンスだと思います。

本書を手に取って、読んでくださり、改めてありがとうございます。フィードバックお待ちしております！（本書ソデQRコードより。もちろんアクションアドバイスまで期待しちゃいます）。「フィードバック」のトピックに絞って一冊と決断したとき、こんなにアイデアが膨らむとは思ってもいませんでした。現に、執筆半ば無理だ！と投げ出しそうになったことも一度や二度ではなかったです。本執筆中、編集担当の原田氏には、温かく、辛抱強く、エールを送っていただき誠に感謝です。

前著『47原則（The McKinsey Edge）』は、80％仕上げるのに9カ月ほど。今回はみっちり、粛々、彫刻刀で削るように2年半。長い道のりでした。また前著は2～3時間のフライトの合間にサラッと読める本、今回はところどころ密度が濃く、読み直しが必要な部分もあったのでは、と思います。

今思い返せば、執筆中に度々もらったフィードバック、「もっとシンプルに、わかりやすく」がこのトピックの複雑性を物語っていたのでしょう。最終形態に練り上げるまでに、たくさんのイタレーションが必要でした。

2015年末に長女を授かり、そこから加速するように忙しくなりました。体は弱いほうではなかったのですが、睡眠不足の波と共に徐々に自分の体のコントロールを失っていき、体調を崩す頻度が増えました。口癖になったのが、「ようし、頑張って元の状態に戻すぞ」でしたが、毎朝ランニングをしても、規則正しい食生活を送っても、あまり成果が出ずでした。

そうこうして、バタバタ闘うパパ、夫、仕事人と執筆家を演じているうちに、さらに、父のガンの告知が重なりました。良いドクターを探し、母とともに介護に明け暮れ、精神的には負のスパイラルに陥りそうになりました（無論父はそれ以上の不安、苦痛と葛藤の日々を送りましたが）。そうした中でも、冒頭の鈴木先生の考えに基づき、色々な弊害を着々と取っ払い、平常心で、決して楽ではなかったですが、普通に進めていく姿勢を貫き、ようやく原稿が一冊の形になりました。

この間、私を支えてくれた妻にも感謝です。週末の子育て分担、不公平だったと思います。でも文句一つ言わずに彼女も仕事とその他諸々を貫いてくれました。フィードバックのアイデア、悩み、仕事の実例なども包み隠さず共有していただいた知人や仕事仲間にも謝辞を述べたいと思います。

我々は人生というリングの上で毎分毎時選手交代をしています。その様々な役割においてすべてが成果として良いものではありませんし、コントロールできるものでもないですし、KOされることだってあります。それでも、立ち上がることさえできれば、いつかは報われます。フィードバックもそうやって平常心で淡々と取り組めば、着実に上達していけると信じています。

2020年3月に入り、コロナショックの恐怖に世界が晒される中、やはり医療の最前線で働く方々の行動と勇気に感動させられます。自分の命や家族のウエルネスを犠牲にして、人類の敵と闘う。それは映画などで観る特別に強い精神を持った人だけのパワーではないのです。様々な医療関係や医療従事者による証言を読んでみると、それは自身の仕事に熱心に取り組み、責任感を持ち、普通に貫いている人たちなのだと気づかされます。また逆に自然も、ウイルスも、その与えられた使命を至極当然の如くまっとうしているだけなのです。その対岸にいる人間にとってみると、破壊力は格別であり、厄介なのですが。

そんな中、今日も、娘は、すくすく元気な姿でアニメ『忍たま乱太郎』の主題歌「勇気100%」を私の耳の鼓膜が破れる勢いで歌っています。彼女はまだ4歳なので、コロナの実態がわかりません。でも外出する機会が減り、保育園も行けなくなり、彼女なりに一所懸命歌に変えて、現実と向き合っているのだと私は思います。

色々と、回りまわりメビウスの輪の如く書きましたけど、自分らしいスタイルを見つけることがフィードバックにしろ、生き方にしろ重要だと思います。フィードバックも特別なことを行っているという感覚をなるべく早く忘れる。繰り返し行っていく。経験値を貯める。やがて自分に合った型が出来上がり、ある日、理想のフィードバックが、そうリーダーとしてのフィードバックが！普通にできるようになります。

では、そろそろ、始めていきましょうか。

脚注

序章

＊1 Thomas Goetz “Harnessing the Power of Feedback Loops”, *WIRED*, 06.19.11.9:45 AM.https://www.wired.com/2011/06/ff_feedbackloop/

＊2 https://www.inc.com/marcel-schwantes/elon-musk-shows-how-to-be-a-great-leader-with-what-he-calls-his-single-best-piece-of-advice.html

＊3 パフォーマンス評価の特徴についての記事。数字目標などの年末のフォーマルフィードバックは不要で、むしろ頻繁でインフォーマルなフィードバックがビジネスにはより良い効果をもたらすことが述べられています。Peter Cappelli and Anna Tavis, “The Performance Management Revolution,” *Harvard Business Review*, October, 2016. https://hbr.org/2016/10/the-performance-management-revolution

＊4 VUCAとは、Volatility（変動性）、Uncertainty（不確定性）、Complexity（複雑性）、Ambiguity（曖昧性）の4つの英単語の頭文字を組み合わせた造語。冷戦後の旧ソビエト連邦崩壊の世界を表す事象として用いられたのがきっかけで、現在は世界中の誰にとっても身近になりつつあります。その波及は個人と企業両方に及び、例えば、個人レベルでは既に終身雇用が消失し、どんな大企業でも一歩間違えれば経営破綻に追い込まれるシビアな世界になりました。先進国に至っては、機械学習、人工知能やロボットの研究と開発により多くの労働者の将来の不安を抱え、職が危ぶまれています。ドライバーレスタクシーから無人営業チャットボット、あらゆる生産性に関わる業務、会計プロセルやマニュアル化が進む単純作業、など様々な業界とファンクションで波乱が起こっています。General George W. Casey JR.（RET）“Leading in a ‘VUCA’ world,” *Fortune*, March 21, 2014. https://fortune.com/2014/03/20/leading-in-a-vuca-world/. VUCAについては次の図も参考になります。Nathan Bennett and G. James Lemoine, “What VUCA Really Means for You,” *Harvard Business Review*, January–February 2014. https://hbr.org/resources/images/article_assets/hbr/1401/F1401C_A_LG.gif

第1章

＊5 Feedback Orientation（FB指向）と呼びます。簡単にまとめると、人はフィードバックを通じて3段階の問いに応えたいと思っています。①自己認知：自分はどのような人物で、自分が知らない未発見な部分はいったいどんなだろうか？ ②自己検

証：自分がイメージする姿、アクションや結果は果たして人に正確に映っているのか？ ③自己強化：自分は誤ったイメージに対してこれからどのように改善していくべきか？ Manuel London and James W.Smither, "Feedback orientation, feedback culture, and the longitudinal performance management process," *Human Resource Management Review*, Vol.12 (1)pp81-100, Spring 2002.

第2章

＊6 Simon Sinek, *Start with Why: How Great Leaders Inspire Everyone to Take Action*, Portfolio, 2009.『WHYから始めよ！インスパイア型リーダーはここが違う』サイモン・シネック著、栗木さつき訳、日本経済新聞出版社、2012年

＊7 信頼（Trust）についてさらに学びたい場合はぜひ一読をお勧めします。こちらはTrustを分解して、非常にわかりやすい方程式に落としています。David H. Maister, Charles H. Green and Robert M. Galford, *The Trusted Advisor*, Free Press, 2000.『プロフェッショナル・アドバイザー　信頼を勝ちとる方程式』デービッド・マイスター、チャールズ・グリーン、ロバート・ガルフォード著、細谷功訳、東洋経済新報社、2010年

＊8 フロイトの無意識の理論を元に人間の深層心理について言及するもので、氷山のたとえがよく用いられます。Sigmund Freud, *Das Ich und das Es*, 1923.「自我とエス」『フロイト著作集6』フロイト著、井村恒郎他訳、人文書院、1970年、他。現在では様々なバージョンが生み出され、ビジネスなどの分野でも応用されています。ここで紹介しているものもその中の一つ。https://www.simplypsychology.org/Sigmund-Freud.html

第3章

＊9 ルービンの著書では、人のやる気や考え方に関する特性を4つに分けて紹介しています。①アップホルダー：約束を守る人。②クエスチョナー：疑問を持つ人。③オブライジャー：義務を果たす人。④レブル：抵抗する人。Gretchen Rubin, *The Four Tendencies: The Indispensable Personality Profiles That Reveal How to Make Your Life Better (and Other People's Lives Better, Too)*, Harmony, 2017.『苦手な人を思い通りに動かす』グレッチェン・ルービン著、花塚恵訳、日経BP、2019年

第 4 章

なし

第 5 章

*10 Daniel H. Pink, *Drive: The Surprising Truth About What Motivates Us*, Riverhead Books, 2009.『モチベーション3.0』ダニエル・ピンク著、大前研一訳、講談社、2010年

*11 David L. Cooperrider and Suresh Srivastva "Appreciative inquiry in organizational life," *Research in Organizational Change And Development* Vol. 1(1)pp.129–169, 1987. https://www.researchgate.net/publication/265225217_Appreciative_Inquiry_in_Organizational_Life/link/54de68390cf2953c22aec949/download. https://en.wikipedia.org/wiki/Appreciative_inquiry

*12 Shunryu Suzuki, *Zen Mind, Beginner's Mind: Informal Talks on Zen Meditation and Practice*, Shambhala, 2006.『禅マインド ビギナーズ・マインド』鈴木俊隆著、松永太郎訳、サンガ新書、2012年

推薦図書

Giving Effective Feedback[HBR 20-Minute Manager Series], Harvard Business Review Press, 2014

Coaching and Mentoring : How to Develop Top Talent and Achieve Stronger Performance, Harvard Business Review Press, 2004

HBR Guide to Delivering Effective Feedback : Boost employee performance, communicate openly, and reinforce established goals, Harvard Business Review Press, 2016

Carol S. Dweck, *Mindset : Changing the way you think to fulfil your potential*, DO NOT USE, 2017[Updated Edition]. 邦訳は初版（*Mindset: The New Psychology of Success*, Random House, 2006)、『マインドセット「やればできる!」の研究』キャロル・S・ドゥエック著、今西康子訳、草思社、2016年

Ken Blanchard, *Leading at a Higher Level: Blanchard on Leadership and Creating High Performing Organizations*[3rd Edition], FT Press, 2018. 邦訳は初版、『ケン・ブランチャード リーダーシップ論[完全版]』ケン・ブランチャード、ケン・ブランチャード・カンパニー著、田辺希久子、村田綾子訳、ダイヤモンド社、2012年

Patrick Lencioni, *The Five Dysfunctions of a team: A Leadership Fable*, Jossey-Bass, 2002.『あなたのチームは、機能してますか?』パトリック・レンシオーニ著、伊豆原弓訳、翔泳社、2003年

Chip Heath and Dan Heath, *Switch: How to change things when change is hard*, Crown Business, 2010.『スイッチ!〔新版〕「変われない」を変える方法』チップ・ハース、ダン・ハース著、千葉敏生訳、ハヤカワ・ノンフィクション文庫 、2016年

Bill George, *Authentic Leadership: Rediscovering the Secretes to Creating Lasting Value*, Jossey-Bass, 2003.『ミッション・リーダーシップ 企業の持続的成長を図る』ビル・ジョージ著、梅津祐良訳、生産性出版、2004年

著者紹介

服部周作（Shu Hattori）

1982年ロンドン生まれ。2004年、マギル大学商学部卒業後、ロイター通信入社。4カ月で退職。台湾へ渡る。2005年、政府国家奨学生として台湾大学国際企業研究所にてeコマースとアントレプレナーをテーマに論文を執筆。同期間中、日中を市場とするエンジニア求人サイトの共同立ち上げ、資金調達、運営開始。2007年修士号取得。翌年、マッキンゼーに入社。アジア欧米7カ国における先端技術、ハイテク、メディア産業分野のプロジェクトで戦略、プロダクト開発、ハンズオンの実行支援に従事。

2010年、サムワー兄弟の下、ソーシャルコマース最大手グルーポン新規立ち上げのグローバルメンバーとして参画。日本、韓国、台湾と行き来しながら新事業の立ち上げなど多数のプロジェクトをリード。さらなる成長の場を求め、2012年、上海オフィスにてマッキンゼーへ再入社。そこでプラクティカルな人材育成、チームプレイ、経営改革に目覚める。中国上海では、中欧国際工商学院（CEIBS MBA）のエグゼクティブメンターなども務めた。

2015年、もっと有能リーダーを増やせ、をコンセプトにコンサルティング活動を継続。2018年、事業再生・企業創生支援を手がけるプロフェッショナル集団、アリックスパートナーズにも在籍。リーダーシップと事業変革のチームに参加。初の著書として、米国で『THE McKINSEY EDGE』(McGraw-Hill Education)を刊行、スペイン、中国、台湾、韓国、など数カ国語に翻訳されている。邦訳版は『47原則』（ダイヤモンド社）。本書が2作目となる。日本語と英語を母国語とし、中国語も堪能。「志有るもの、それに辿り着くべし」と「人間万事塞翁が馬」がモットー。

リーダーのための

フィードバックスキル

2020年6月21日　第1刷発行

著　者　服部周作
カバー　小口翔平＋岩永香穂（tobufune）
本　文　上坊菜々子
発行者　徳留慶太郎
発行所　株式会社すばる舎
〒170-0013
東京都豊島区東池袋3-9-7 東池袋織本ビル
TEL　03-3981-8651（代表）
03-3981-0767（営業部）
振替　00140-7-116563
http://www.subarusya.jp/
印刷所　中央精版印刷株式会社

落丁・乱丁本はお取り替えいたします

ISBN978-4-7991-0909-0